Tanja Kraus / Eva Riegger-Kuhn

Materialien und Kopiervorlagen zu

John Green Das Schicksal ist ein mieser Verräter

Hase und Igel®

Inhalt

www.hase-und-igel.de
Lektorat: Anna Schultes
Satz: Appel Grafik München GmbH
Illustrationen: Johann Brandstetter

ISBN 978-3-86760-755-1
4. Auflage 2021

„Das Schicksal ist ein mieser Verräter" – Das Buch im Unterricht

Das Buch

Der Bestseller-Autor John Green hat mit seinem Roman „Das Schicksal ist ein mieser Verräter" im Jahr 2012 eine fesselnde Geschichte vom Lieben und Sterben vorgelegt. Mit tiefgründigem Humor statt oberflächlicher Sentimentalität schickt der Autor seine Figuren in die großen Herausforderungen des Lebens und behandelt dabei anthropologische Grundfragen, die Jugendliche, aber auch Erwachsene beschäftigen.

Die Protagonistin Hazel Grace Lancaster erzählt von Abhängigkeit und Abnabelung von den Eltern, von Freundschaft, der ersten Liebe, einer großen Reise und auch von schweren Krisen wie Erkrankung und Tod. In einer Selbsthilfegruppe für Krebskranke lernt Hazel Augustus Waters, kurz Gus, kennen. Schon bald beginnt Gus, Hazels Vorliebe für ihr Lieblingsbuch über ein krebskrankes Mädchen zu teilen. Da „Ein herrschaftliches Leiden" abrupt endet und viele Fragen offenlässt, interessiert sich Hazel dafür, wie die einzelnen Charaktere nach dem Tod der Protagonistin Anna weiterleben. Gus erfüllt Hazels Herzenswunsch, den in Amsterdam lebenden Autor des Romans persönlich zum Nachleben der Figuren zu befragen. Peter Van Houten bleibt die Antworten jedoch schuldig. Vor ihrer Rückkehr in die USA gesteht Gus Hazel seinen gesundheitlichen Rückfall. Ihnen bleibt nur noch wenig Zeit, bevor Gus stirbt. Auf der Beerdigung trifft sie Van Houten wieder, der überraschenderweise eine Korrespondenz zwischen ihm und Gus in den letzten Lebenswochen anspricht. Später sucht Hazel nach möglichen Aufzeichnungen, die Gus ihr hinterlassen haben könnte, und erhält über Van Houtens Assistentin Lidewij zwar keine Romanfortsetzung, jedoch bewegende Worte zur Erinnerung an ihre Beziehung mit Gus.

Die Geschichte zeigt, wie erfüllend das Leben selbst in aussichtslosen Situationen sein kann. Intelligent, fantasievoll, mit Ironie und präzisem Humor stellen sich die Hauptfiguren ihrem Schicksal und trotzen ihm im Rahmen ihrer Möglichkeiten. Der Roman, der unter anderem mit dem Preis der Jugendjury des Deutschen Jugendliteraturpreises 2013 ausgezeichnet und verfilmt wurde, enthält Themen, die sich im Lebensumfeld vieler junger Leser widerspiegeln. Zudem macht John Green deutlich, wie Menschen versuchen, das Leben durch Literatur zu verstehen und es mit deren Hilfe zu bewältigen. Für Hazel ist die Frage nach dem Weiterleben der Figuren ein Antrieb, um mögliche Antworten für ihr eigenes Leben zu finden.

John Green hat ein tiefgründiges Buch über Freundschaft, Krankheit, Tod, Trauer und die Auseinandersetzung mit dem eigenen Ich geschaffen. Er greift darin auch theologische Aspekte auf, ohne zu moralisieren. Insofern eignet sich der Roman hervorragend für einen fächerübergreifenden und fächerverbindenden Einsatz im Unterricht (z. B. Deutsch, Religion, Ethik, Englisch). Eine intensive Beschäftigung mit dem Text, den Figuren und den vielschichtigen Motiven leistet einen Beitrag für den Transfer in die Lebenswirklichkeit der Schüler in den Jahrgangsstufen acht bis zehn und fördert die Lesemotivation.

Das Material

Im Fokus der Auseinandersetzung mit dem Roman stehen Hazels Lebensphasen, die sich aus der Struktur des Romans ergeben. Nach einer Einführung in das zentrale Thema Krankheit steigert sich die Handlung durch die detaillierte Darstellung eines spannenden Beziehungsgeflechts. Im weiteren Verlauf intensiviert sich nochmals der Plot, dessen Höhepunkt die Reise nach Amsterdam markiert, wo Augustus Hazel seine erneute Erkrankung gesteht. Die anschließenden letzten Lebenswochen stellen das retardierende Moment bis zum Eintritt von Augustus' Tod dar. Nach dem Schlusspunkt der tragischen Handlung mündet der Roman in einen positiven Blick auf die vergangene Liebesbeziehung. Das Begleitmaterial enthält Kopiervorlagen zu den angesprochenen Punkten. Weitere Arbeitsblätter dienen als additives Angebot, wenn Sie gerne kapitelübergreifend oder medienverbindend arbeiten möchten.

Anhand verschiedener Aufgabentypen, wie beispielsweise dem Vervollständigen von Sätzen und dem Ordnen von Handlungsschritten, schulen die Schüler ihre Lesekompetenz. Gesprächsanlässe werden durch Methoden wie den Gallery Walk oder das World-Café unterstützt. Schreibanlässe in Form von Brainstorming, Dialogen oder Briefen ermöglichen es den Jugendlichen, sich intensiv mit zentralen Fragestellungen zu befassen.

Für eine aktive Schülerbeteiligung bietet das Begleitmaterial unter der Rubrik „Kreativ aktiv" verschiedene Anregungen, z. B. die Durchführung eines szenischen Spiels sowie zahlreiche handlungs- und produktionsorientierte Gestaltungsaufgaben. Die Unterrichtsvorschläge sind als reichhaltiger Fundus konzipiert, aus dem Sie je nach Schwerpunktsetzung, Interesse und Kenntnisstand der Schüler auswählen können.

Das Material gliedert sich in sieben Einheiten. Die ersten fünf orientieren sich am chronologischen Handlungsverlauf des Romans. Jeder Bereich beinhaltet eine Inhaltszusammenfassung zu den einzelnen Kapiteln. Darauf folgen didaktische Hinweise und Lösungen zu den Kopiervorlagen, Gesprächs- und Schreibanlässe und Vorschläge für eine kreative Beschäftigung mit anknüpfenden

Themen. Direkt im Unterricht einsetzbare Kopiervorlagen schließen jede der sieben Einheiten ab. Die Arbeitsblätter aus dem sechsten Bereich eignen sich für einen kapitelübergreifenden Einsatz. Für eine medienverbindende Auseinandersetzung finden Sie einige Umsetzungsmöglichkeiten im letzten Abschnitt.

Signets am oberen Seitenrand verdeutlichen den thematischen Schwerpunkt jeder Kopiervorlage:

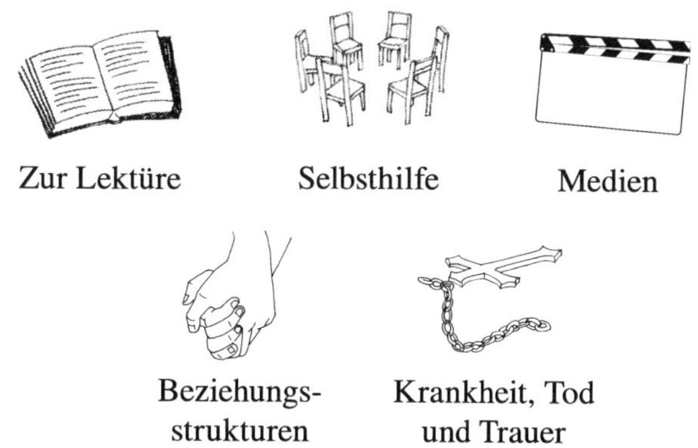

Bitte beachten Sie, dass wir uns für den vorliegenden Materialband entschieden haben, die Zitierweise an den Stellen anzupassen, die im Genitiv von „Jesus'“ sprechen. Im Roman wird dieser zweite grammatische Fall durchgängig in einer laut „Duden“ zwar zulässigen Variante gebraucht, die jedoch in der theologischen Fachterminologie nicht vorkommt. Der Genitiv von „Jesus“ lautet danach „Jesu“.

Wertvolle Erkenntnisse und Anregungen durch die Auseinandersetzung mit dem Roman und dem vorliegenden Materialband wünschen Ihnen und Ihren Schülern

Tanja Kraus und Eva Riegger-Kuhn

1. bis 4. Kapitel: Leben mit dem Krebs

Inhalt

(1) Die sechzehnjährige, an Schilddrüsenkrebs erkrankte Hazel Grace besucht auf Initiative ihres Hausarztes Dr. Jim und ihrer Mutter eine Selbsthilfegruppe. Die Treffen in einer Kirche folgen dem Ritual, dass sich die Gruppenteilnehmer vorstellen und über ihre Krankheit sprechen. Nach wenigen Wochen weigert sich Hazel, weiter zu den Treffen zu gehen. Erst auf Druck ihrer Mutter nimmt sie wieder an einer Sitzung teil und lernt dort den besten Freund des Gruppenmitglieds Isaac kennen. Augustus und Hazel kommen nach der Stunde miteinander ins Gespräch. Streitpunkt wird eine Zigarette, die Hazel als Angriff auf ihre eingeschränkte Lungenfunktion versteht. Gus löst die Situation auf und lädt Hazel zu sich nach Hause ein.

(2) Auf dem Weg zu Gus' Elternhaus erzählt Hazel ihre Krankengeschichte. Derzeit wird sie experimentell behandelt, da der kurative Ansatz keine Wirkung gezeigt hat. Wegen der aufgetretenen Lungenmetastasen ist ein mobiles Sauerstoffgerät ihr ständiger Begleiter. Da Gus eine optische Ähnlichkeit zwischen Hazel und der Hauptdarstellerin Natalie Portman festgestellt hat, möchte er sich mit ihr den Film „V wie Vendetta" ansehen. Bei Gus zu Hause entdeckt Hazel Trophäen aus seiner früheren Basketballkarriere. Vor dem Film fragt Augustus Hazel nach ihren Interessen. Trotz anfänglicher Bedenken erzählt die Sechzehnjährige von ihrem Lieblingsbuch „Ein herrschaftliches Leiden". Gus möchte es lesen, wenn Hazel im Gegenzug den Roman zu seinem Lieblingsvideospiel liest.

(3) Mrs Lancaster erinnert ihre Tochter an ihren „Halbgeburtstag". Die Mutter drängt auf eine Unternehmung, weshalb sich Hazel mit ihrer Freundin Kaitlyn im Café trifft. Das Gespräch gerät ins Stocken und die beiden brechen zu einem Einkaufsbummel auf. Als Hazel ein wenig müde ist, verabschiedet sie sich. In einer ruhigen Ecke des Einkaufszentrums beginnt sie, die Fortsetzung von Gus' Buch zu lesen. Kurz vor dem Ende des Romans interessiert sich ein kleines Mädchen für ihre Sauerstoffschläuche. Es probiert diese aus und begreift, dass Hazel sie dringend benötigt.

(4) Hazel liest erneut „Ein herrschaftliches Leiden" und erzählt die Handlung der Geschichte. Es beschäftigt sie, dass das Buch mitten im Satz endet. Zahlreiche Briefe hat sie deshalb bereits ohne Erfolg an den Autor Peter Van Houten geschrieben und ihn um Antworten gebeten. Gus, der „Ein herrschaftliches Leiden" gelesen hat, beklagt per SMS ebenfalls das fehlende Ende. Am Telefon tauschen sich die beiden aus. Gus bittet Hazel, zu ihm zu kommen, da sich Isaac in einer Krise befindet. Seine Freundin hat sich von ihm getrennt – kurz vor der Operation, die ihn erblinden lassen wird. Gemeinsam mit Gus entlädt er seinen Frust bei einem Computerspiel, bevor er alle Trophäen aus Gus' Basketballzeit zertrümmert.

Unterrichtsschwerpunkte

- Zugehörigkeit
- Vertrauen
- erste Interpretation
- Einstellungen reflektieren

Zu den Kopiervorlagen

Hilfe zur Selbsthilfe?
Einen kreativen Einstieg in die Unterrichtsstunde bietet ein Quiz zum Thema „Selbsthilfegruppe" *(www.schon-mal-an-selbsthilfegruppen-gedacht.de/quiz).* Die von den Schülern gewählte Antwort wird jeweils durch Kommentare ergänzt. Am Ende erhalten sie eine Auswertung und gewinnen auf diese Weise einen Einblick in die Thematik. Leiten Sie dann zum Arbeitsblatt über. Nachdem sie einen Lückentext ausgefüllt haben, befassen sich die Schüler in Aufgabe 2 mit der Frage, auf welche Weise in Hazels Gruppe Hilfe zur Selbsthilfe gegeben wird. Durch die Aufgabenstellungen gelingt es, exemplarisch Möglichkeiten und Grenzen der Treffen im Roman zu erkennen und das Fragezeichen in der Überschrift der Kopiervorlage aufzulösen.

Das Arbeitsblatt verdeutlicht die überwiegend positiven Aspekte einer Selbsthilfegruppe. Da Hazel aber auch ihre Unzufriedenheit äußert, bietet sich als Abschluss der Stunde ein szenisches Spiel an, in dem sich die Schüler mit einer möglichen Neuausrichtung der Gruppensitzung beschäftigen. Den Arbeitsauftrag dazu finden Sie in der Rubrik „Kreativ aktiv" (siehe S. 8 f.).

Lösung
Aufgabe 1:
Sich selbst zu helfen ist nicht immer leicht. Ist man zum Beispiel schwer krank, fehlen oft Kraft und Ausdauer, sich allein damit auseinanderzusetzen. Deshalb treffen sich Betroffene häufig in Selbsthilfegruppen, wenn sie sich in einer Phase der <u>Hilflosigkeit</u> und Wut befinden. Ihnen ist unklar, wie sie mit der <u>existenziellen Bedrohung</u>, der schweren Erkrankung und dem möglichen <u>Weiterleben</u> umgehen sollen. Wer eine Selbsthilfegruppe besucht, wünscht sich meist <u>Austausch und Unterstützung</u>. Dazu ist

zunächst das Kennenlernen anderer Erkrankter hilfreich. Die Teilnehmer können von unterschiedlichen Erfahrungen profitieren, indem sie einen Anstoß für das eigene Leben erhalten oder entlastet werden. Gespräche ermöglichen, dass Betroffene ihre Probleme teilen und sich darüber austauschen können. Eine Selbsthilfegruppe versteht sich als offenes Angebot ohne Verpflichtungen. Die Treffen finden in einem geschützten Rahmen statt, in dem die Teilnehmer ihre Aufmerksamkeit auf das Kernproblem fokussieren. Die Aufarbeitung erleichtert es, sich selbst zu helfen beziehungsweise sich Unterstützung zu organisieren.

Aufgabe 2:
S. 11: Gespräch über das Thema Sterben → Aufmerksamkeit auf das Kernproblem
S. 17: motivierender Zuspruch → Unterstützung
S. 19: Prinzip der Freiwilligkeit → Angebot ohne Verpflichtungen

KV Seite 11

Kreis des Vertrauens

In Kapitel 1 besucht Hazel ihre Selbsthilfegruppe. Im Keller einer Kirche sitzen die Teilnehmer zusammen in einem Stuhlkreis, dem sogenannten „Kreis des Vertrauens". Anhand der Schilderungen der Ich-Erzählerin erhalten die Schüler einen Eindruck vom Ablauf des Treffens und erfahren, warum eine Selbsthilfegruppe Vertrauen schafft.

Als Unterrichtseinstieg eignet sich ein Brainstorming zum Thema „Leben mit dem Krebs". Die Schüler notieren ihre Assoziationen an der Tafel. Sollte der Begriff „Selbsthilfegruppe" nicht vorkommen, notieren Sie ihn und heben ihn hervor, um zum Arbeitsblatt überzuleiten. In Aufgabe 1 rekonstruieren die Schüler in Einzelarbeit Hazels Weg in die Selbsthilfegruppe und den Verlauf eines Treffens. In Aufgabe 2 übertragen sie Hazels metaphorische Schilderung vom „Kreis des Vertrauens" in „Jesu Herzen" in eine konkrete Darstellung. Gleichzeitig lernen sie Aspekte der Symbolik des christlichen Kreuzes kennen.

Lassen Sie die Schüler zum Stundenausklang diskutieren, ob der Ort für die Treffen der Selbsthilfegruppe (hier die Kirche) eine tiefere Bedeutung oder eine Auswirkung auf die Gespräche in der Gruppe haben kann.

Lösung
Aufgabe 1:
Hazels Mutter sorgt sich
Mrs Lancaster stellt fest, dass Hazel kaum das Haus verlässt, viel Zeit im Bett verbringt, immer wieder dasselbe Buch liest, wenig isst, über den Tod nachdenkt.

Die Selbstdiagnose der Mutter lautet: Depression
Als Behandlung schlägt sie vor: eine Therapie

Besuch bei Dr. Jim
Resultat: Hazel leidet unter einer lähmenden, klinischen Depression, neue Medikation, einmal wöchentlich Selbsthilfegruppe

Hazel geht zur Selbsthilfegruppe
Die Gruppe besteht aus Jugendlichen, die unter tumorbedingtem Unwohlsein leiden.
Typischer Ablauf: ankommen, essen und trinken, Platz nehmen, Patrick zuhören, sich vorstellen, sich mitteilen

Aufgabe 2:

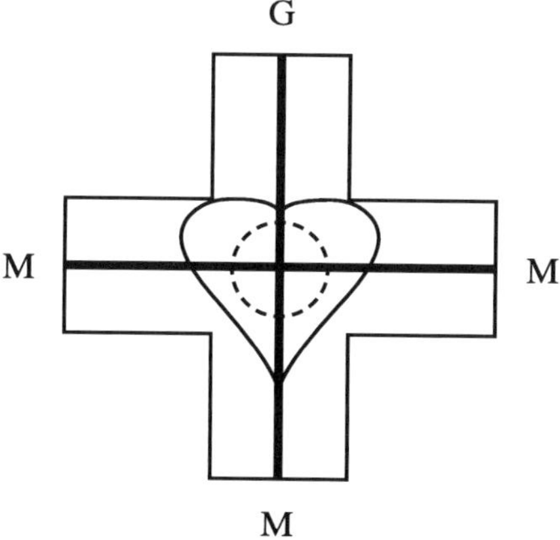

KV Seite 12

Kalendersprüche

Sogenannte Kalendersprüche werden gerne eingesetzt, um jemandem Mut zuzusprechen. Die Eltern von Augustus haben solche Lebensweisheiten in allen gemeinschaftlichen Räumen des Hauses positioniert. Die Schüler begreifen durch die Auseinandersetzung mit den Aussagen deren Sinnhaftigkeit für Gus' Familie und dass manchmal mehr Bedeutung in den Sprüchen enthalten ist, als wir im ersten Moment wahrnehmen.

Führen Sie die Schüler an das Arbeitsblatt heran, indem Sie sie zum Stundenbeginn mit einem Mut-mach-Kalenderspruch konfrontieren. Geben Sie ihnen die Möglichkeit, ihre Ansichten dazu zu äußern. In Aufgabe 1 der Kopiervorlage suchen und notieren sie dann die im Roman vorkommenden Kalendersprüche. Im Anschluss stellen sie einen Zusammenhang zwischen den Aussagen und der räumlichen Positionierung her.

Eine individuelle Deutungsmöglichkeit bietet Aufgabe 2, die die Schüler mündlich in Form einer Gruppenarbeit diskutieren. Jede Gruppe beschäftigt sich mit einem Raum. Je nach Klassenstärke können die Orte auch doppelt vergeben werden. Nach der Gruppenarbeitsphase präsentieren die Schüler ihre Ergebnisse. Aufgabe 3 erfolgt arbeitsteilig: Die eine Hälfte der Klasse untersucht die Bedeutung der Ermutigungssprüche für den Vater, die andere Hälfte für Augustus. Für die Präsentation der Ergebnisse geben Sie folgende Formulierungen vor: „Für mich als Vater bedeuten die Sprüche …“ beziehungsweise „Für mich, Gus, bedeuten die Sprüche …“.

Im Anschluss an die kognitive Arbeitsphase bietet sich eine kreative Aufgabe an. Um besser nachvollziehen zu können, wie bedeutsam die Ermutigungssprüche für Gus' Vater sind, gestalten die Schüler selbst einen Kalenderspruch. Verschiedene Varianten sind unter „Kalendersprüche selbst gemacht“ in der Rubrik „Kreativ aktiv“ beschrieben (siehe S. 9).

Lösung

Aufgabe 1:

a) Zuordnung der Kalendersprüche:

- Flur: „Heimat ist da, wo das Herz ist.“
- Garderobe: „Gute Freunde sind schwer zu finden und unmöglich zu vergessen.“
- Wohnzimmer: „Wahre Liebe erträgt jede Not.“
- Küche (über der Spüle): „Familie für immer.“

b) Zuordnung der Begriffe:

- Flur: Verbundenheit
- Garderobe: Identität
- Wohnzimmer: Geborgenheit
- Küche: Kraft

Hier kann es vorkommen, dass einzelne Schüler die Begriffe anders zuordnen, z. B. „Identität“ zu „Küche“, da sie die Küche als Ort des Austauschs und Gesprächs kennen. Ist eine solche Variation begründet, sollte sie auch akzeptiert werden. Eine doppelte Verwendung der Begriffe ist ebenso zulässig.

Aufgabe 2:

z. B.

- Flur: „Heimat ist da, wo das Herz ist.“
  Der Flur ist der erste Raum, den man in einem Haus oder einer Wohnung betritt. Der Kalenderspruch als Willkommensspruch weist darauf hin, dass man nun zu Hause angekommen ist. Das Herz steht nie still, im Flur herrscht auch immer Bewegung. Der Flur verbindet Räume. Das Herz, das Liebe symbolisiert, schafft Verbindungen zwischen Menschen.
- Garderobe: „Gute Freunde sind schwer zu finden und unmöglich zu vergessen.“
  In der Garderobe zeigt sich, wer ein Freund ist: Menschen, die keine Freunde sind, kommen nicht zu Besuch und hängen ihre Jacke nicht an die Garderobe. Die Kleidung, die man hier ablegt, zeigt ein Stück der eigenen Identität. Menschen, die ihre Kleidung an den fremden Kleiderhaken hängen dürfen, sind einem bereits nähergekommen.
- Wohnzimmer: „Wahre Liebe erträgt jede Not.“
  Das Wohnzimmer ist ein Raum der Gemütlichkeit. Hier fühlt man sich wohl und geborgen. Man darf sein, wie man ist. Hier versammeln sich Menschen, die man liebt und für die man in Notsituationen da ist.
- Küche: „Familie für immer.“
  Die Küche ist ein wichtiger Ort für eine Familie. Hier wird gekocht (genährt / Kraft gegeben) und gespült (gereinigt). Beides ist nötig, um leben zu können. In vielen Familien ist die Küche auch der Ort des Austauschs und der guten Gespräche.

Aufgabe 3:

Für Gus' Vater haben die Kalendersprüche eine große Bedeutung; er platziert sie in übertriebener Vielzahl im ganzen Haus (S. 34: „Sie sind hier überall.“). Er schöpft Hoffnung aus den Aussagen und lebt so sehr mit ihnen, dass er sie in sein Denken integriert: „In den dunkelsten Stunden schickt der Herr uns die besten Menschen.“ (S. 35) Die Sprüche helfen ihm im Umgang mit Gus' Krebserkrankung. Gus dagegen äußert sich ironisch und macht sich über die Sprüche lustig: „Schnell, gebt mir Nadel und Faden, das muss ich schnell auf ein Kissen sticken.“ (S. 35) Anschließend betont er, dies sei nur ein Witz gewesen, was darauf hindeutet, dass er seinen Vater bis zu einem gewissen Grad verstehen kann. Dass die Sprüche seinen Vater ermutigen, ist außerdem auch für Gus entlastend.

KV Seite 13

Im „Hazelversum“

Als Einstieg bietet sich der Schreibanlass „Leben in meiner Welt“ an (siehe S. 8). Mithilfe der Kopiervorlage begreifen die Schüler Hazels Welt, indem sie das Treffen im Einkaufszentrum analysieren und reflektieren. Die erforderlichen Angaben für die Einzelarbeit entnehmen die Schüler der Lektüre. Die Aufgabenstellungen unter b) und c) ermöglichen Fremdverstehen und fördern die Empathie. Damit die Frage beantwortet werden kann, warum sich Hazel für Science-Fiction interessiert, ist es ratsam, den Begriff an einem bekannten Filmbeispiel wie „Star Wars“ einzuführen und erläutern zu lassen. Anschließend empfiehlt sich der Gesprächsanlass „Werte im ‚Hazelversum‘“ (siehe S. 8) oder der Arbeitsauftrag „Tacheles-Karte“ in der Rubrik „Kreativ aktiv“ (siehe S. 9).

Lösung

a) Treffen mit Kaitlyn: Kontakt zur Außenwelt, gemeinsames Einkaufen: Ablenkung, Verabschiedung: Rückzug aus der Welt der Gesunden

b) Unverständnis für Veränderungen der Interessen („Du machst mir Angst. Gehen wir shoppen?“, S. 51), fehlendes medizinisches Wissen („Phalanxifor!“, S. 50), mangelnde Empathie für Hazels Bedürfnisse („Was gibt es Neues im Hazelversum?“, S. 50), oberflächliches Zuhören/unpassende Wortwahl („Das heißt, du kannst ewig leben, oder?“, S. 50), Gefühl der Distanz (S. 53)

c) Kaitlyn verwendet das Wort „umbringen“ im übertragenen Sinn und im alltagssprachlichen Kontext, um auszudrücken, dass das Tragen der Schuhe nicht angenehm ist. Sie fühlt sich schuldig, da ihr Hazels Lebenssituation die reale Bedeutung des Begriffes und damit ihren eigenen Hang zu oberflächlicher Übertreibung bewusst macht. Hazel weiß, was der Begriff „Tod“ umfasst, da sie ihn in seinem wirklichen Sinn begreift.

d) Interesse an Gus und dessen Lieblingsbuch, Flucht in eine Fantasiewelt, fehlende Kontrolle über das eigene Leben in der realen Welt, Entdeckung von anderen Lebensentwürfen mit Entwicklungspotenzial und Fortsetzungscharakter

Gesprächs- und Schreibanlässe

Leben in meiner Welt

Besondere Situationen, Erlebnisse, Ansichten und Beziehungen zu Familienmitgliedern und Freunden beeinflussen das eigene Leben.

Möglicher Arbeitsauftrag:
Was prägt dein Leben? Ergänze deinen Namen mit dem Wortteil -versum. Schreibe den Begriff in die Mitte eines Blattes und notiere deine Ideen kreisförmig in einem Brainstorming.

Werte im „Hazelversum“

Hazel erzählt Gus von ihrem Treffen mit Kaitlyn. Im Mittelpunkt der Unterhaltung stehen wünschenswerte Grundhaltungen (vgl. dazu *www.km.bayern.de/download/3967_hackl_werteerziehung_als_schulentwicklung.pdf*), um einen klareren Blick dafür zu bekommen, was einem persönlich im Leben wichtig ist.

Möglicher Arbeitsauftrag:
Entwickelt einen Dialog zwischen Hazel und Gus. Bezieht dabei folgende Fragestellungen ein:

- Was erlebst du als wertvoll?
- Handelst du nach diesen Werten?
- Gibt es bestimmte Rituale, in denen deine Werte zum Ausdruck kommen? (z. B. Begrüßung als Zeichen des Respekts)

Kreativ aktiv

Szenisches Spiel: Das Selbsthilfeforum

Hazel ist mit der Ausrichtung der Selbsthilfegruppe unzufrieden. Deshalb möchte sie ein eigenes Selbsthilfeforum gründen. Zu diesem Zweck schlüpfen die Schüler in die Rolle von Hazel und anderen Mitgliedern, die den Gruppenleiter Patrick von ihrer Idee überzeugen möchten. Mithilfe des szenischen Spiels erweitern die Schüler ihr Repertoire an verbalen und nonverbalen Ausdrucksmöglichkeiten und fühlen sich in das Schicksal der Romanfiguren ein.

Teilen Sie die Klasse in Gruppen. Innerhalb der Gruppe einigen sich die Schüler, wer Patricks Rolle übernimmt. Alle Leiter finden sich in einer neuen Runde zusammen, aus der sie am Ende wieder in ihre ursprüngliche Gruppe zurückkehren. Die übrigen Gruppen bestehen aus Mitgliedern des Selbsthilfeforums. Nach der Arbeitsphase präsentieren die Schüler ihre Ergebnisse in Form eines szenischen Spiels.

Mögliche Arbeitsaufträge für die Gruppe „Leiter“:

- Verteidigt in der Rolle des Gruppenleiters Patrick die bisherige Ausrichtung der Selbsthilfegruppe.
- Sammelt gemeinsam Argumente, mit denen ihr euch gegen eine umfassende Veränderung wehrt.

Mögliche Arbeitsaufträge für die Gruppen „Mitglieder“:

- Diskutiert in den Rollen der Teilnehmer die gegenwärtigen Probleme der alten Gruppe und die Neugründung

eines Selbsthilfeforums (z. B. im Internet auf einer eigenen Plattform oder über soziale Netzwerke).
- Überzeugt Patrick in einer Diskussionsrunde von den Vorteilen der veränderten Struktur.

Kalendersprüche selbst gemacht

In Kapitel 8 (S. 34) erfährt man, dass die Kalendersprüche in Gus' Familie unterschiedlich gestaltet sind: in kursiven Buchstaben auf Holz, in kindlichen Buchstaben auf Buntglas oder als Stickerei auf einem Kissen.

- Variante 1: Die Schüler gestalten einen der im Buch vorkommenden Kalendersprüche in der vorgegebenen Schriftart auf Papier.
- Variante 2: Die Schüler sammeln selbst Kalendersprüche, die ihnen bedeutsam erscheinen und ihnen Mut machen, und gestalten diese auf Papier.
- Variante 3 (evtl. zusammen mit dem Fach Kunst): Die Schüler gestalten Kalendersprüche (aus der Lektüre oder eigene) auf verschiedenen Untergründen (z. B. Glas, Holz, Porzellan).

Im Anschluss können die entstandenen Produkte im Klassenzimmer ausgestellt und in Anlehnung an die Methode „Gallery Walk" („Galerierundgang") betrachtet und ausgewertet werden.

Der Gallery Walk

Der Gallery Walk ist ursprünglich eine Methode zur Sicherung von Ergebnissen nach einer Gruppenarbeit. Sie kann aber auch in adaptierter Form nach einer Einzelarbeitsphase durchgeführt werden: Die Schüler befestigen ihre Ergebnisse an der Wand des Klassenzimmers (Gallery). In einem Rundgang (Walk) verschaffen sie sich einen Überblick. Danach werden Kleingruppen gebildet. Die Gruppenmitglieder stellen ihre Arbeiten vor und beantworten Fragen dazu.

„Tacheles-Karte"

Hazel und Kaitlyn verhalten sich im Gespräch aus Unwissenheit und Unsicherheit zurückhaltend. Häufig möchten Gesunde nicht zu viel über eine Erkrankung wissen, während Kranke andere nicht belasten und verängstigen möchten. Manchmal kann sich aber die respektvolle Äußerung der eigenen Meinung anstelle einer falsch verstandenen Rücksichtnahme positiv auf Beziehungen auswirken. Für die Aufgabenstellung eignet sich eine arbeitsteilige Partnerarbeit.

Möglicher Arbeitsauftrag:
Unterteilt ein DIN-A4-Blatt in vier Bereiche. Wählt „Hazel" oder „Kaitlyn" aus und schreibt den Namen in die Mitte. Notiert in den vier Rechtecken je einen Satz mit einer offenen Meinungsäußerung der Figur. Auf diese Weise entsteht eine „Tacheles-Karte", die Gedanken und Empfindungen des jeweiligen Mädchens widerspiegelt.

Satzanfänge als Impulse für eigene Ergänzungen:
- Hazel: Eigentlich gibt es nichts Neues im Hazelversum, aber …/Gesundheitlich geht es mir …/Ewig zu leben …/Vor Kurzem habe ich …, aber ich …
- Kaitlyn: Derek Wellington ist …/Um deine Gesundheit …/Phalanxifor ist …/Theoretisch weiß ich …

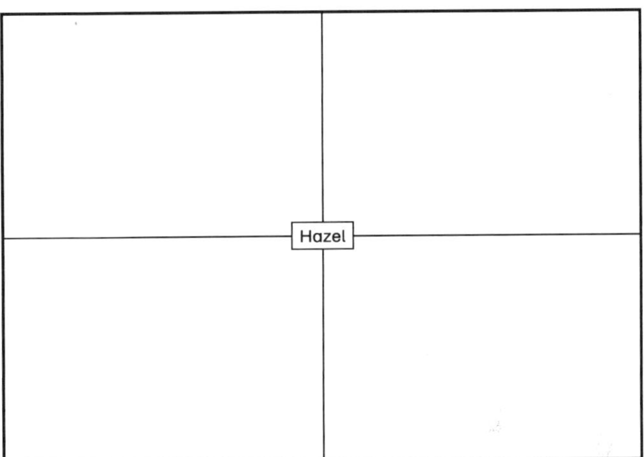

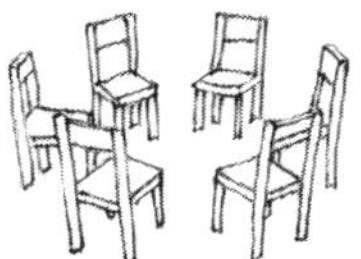

Hilfe zur Selbsthilfe?

Hazel besucht eine Selbsthilfegruppe, die sie als deprimierend empfindet.

1. Vervollständige mithilfe des Wortspeichers den Informationstext.

geschützten Rahmen	Angebot ohne Verpflichtungen	Probleme teilen	existenziellen Bedrohung
auf das Kernproblem		Austausch und Unterstützung	
Hilflosigkeit	Weiterleben	Anstoß für das eigene Leben	anderer Erkrankter

Sich selbst zu helfen ist nicht immer leicht. Ist man zum Beispiel schwer krank, fehlen oft Kraft und Ausdauer, sich allein damit auseinanderzusetzen. Deshalb treffen sich Betroffene häufig in Selbsthilfegruppen, wenn sie sich in einer Phase der ______________________ und Wut befinden. Ihnen ist unklar, wie sie mit der ______________________, der schweren Erkrankung und dem möglichen ______________________ umgehen sollen. Wer eine Selbsthilfegruppe besucht, wünscht sich meist ______________________ ______________________. Dazu ist zunächst das Kennenlernen ______________________ hilfreich. Die Teilnehmer können von unterschiedlichen Erfahrungen profitieren, indem sie einen ______________________ ______________ erhalten oder entlastet werden. Gespräche ermöglichen, dass Betroffene ihre ______________________ und sich darüber austauschen können. Eine Selbsthilfegruppe versteht sich als offenes ______________________. Die Treffen finden in einem ______________________ statt, in dem die Teilnehmer ihre Aufmerksamkeit ______________________ fokussieren. Die Aufarbeitung erleichtert es, sich selbst zu helfen beziehungsweise sich Unterstützung zu organisieren.

2. Erkläre, auf welche Weise in Hazels Gruppe Hilfe zur Selbsthilfe stattfindet. Orientiere dich an den Seitenzahlen und nimm Bezug auf den obigen Wortspeicher.

S. 10 f.: autobiografisches Erzählen → Probleme teilen

S. 11: ______________________

S. 17: ______________________

S. 19: ______________________

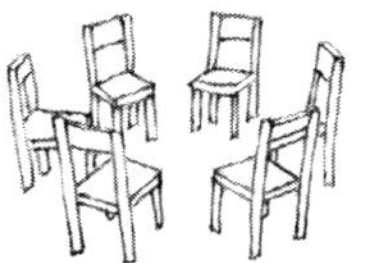

Kreis des Vertrauens

Die Unterstützung durch eine Selbsthilfegruppe ist Bestandteil von Hazels Leben mit dem Krebs.

1. Notiere, wie es dazu kommt, dass Hazel eine Selbsthilfegruppe besucht (S. 9). Beschreibe dann den typischen Ablauf eines Treffens stichwortartig (S. 10 f.).

Hazels Mutter sorgt sich

Mrs Lancaster stellt fest, dass Hazel ______________________________

____

Die Selbstdiagnose der Mutter lautet: ______________________________

Als Behandlung schlägt sie vor: ______________________________

↓

Besuch bei Dr. Jim

Resultat: ______________________________

____

↓

Hazel geht zur Selbsthilfegruppe

Die Gruppe besteht aus ______________________________

____

Typischer Ablauf: ______________________________

____

2. Die Gruppe sitzt im „Kreis des Vertrauens“ (S. 10), im buchstäblichen Herzen Jesu (vgl. S. 23). Vervollständige die Abbildung.

a) Markiere die Kontur vom „Kreis des Vertrauens“ farbig.
b) Lies Seite 10. Zeichne das „Herz Jesu“ ein.
c) Die Balken des Kreuzes haben eine symbolische Bedeutung: Der waagerechte Balken steht für das Verhältnis zwischen Mensch und Mensch, der senkrechte für die Beziehung zwischen Mensch und Gott. Kennzeichne die Enden der Balken mit „M“ (für „Mensch“) und „G“ (für „Gott“).

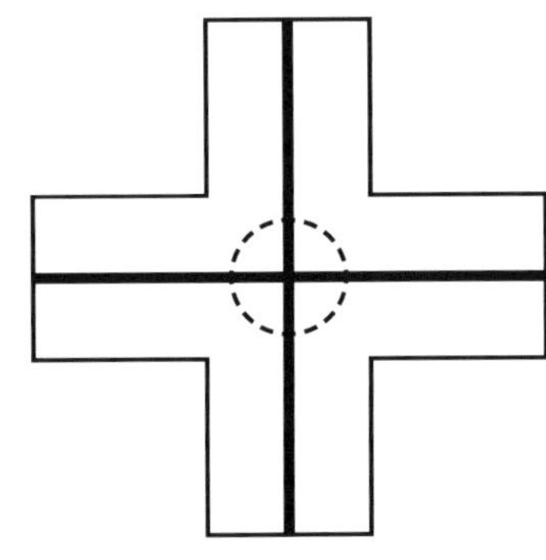

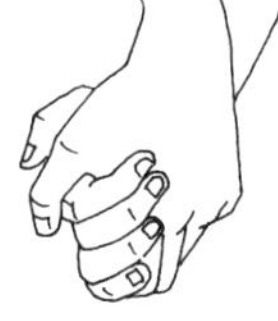

Kalendersprüche

Nach dem Besuch der Selbsthilfegruppe fährt Hazel mit Augustus nach Hause. Sie lernt seine Eltern und deren besonderen Umgang mit Gus' Krankheit kennen.

1. Vervollständige den Grundriss.

a) Im Haus bemerkt Hazel zahlreiche Kalendersprüche (S. 34). Schreibe sie in die Rahmen.
b) Ordne jedem Raum einen der folgenden Begriffe zu: Geborgenheit – Verbundenheit – Identität – Kraft. Notiere ihn auf der Schreiblinie.

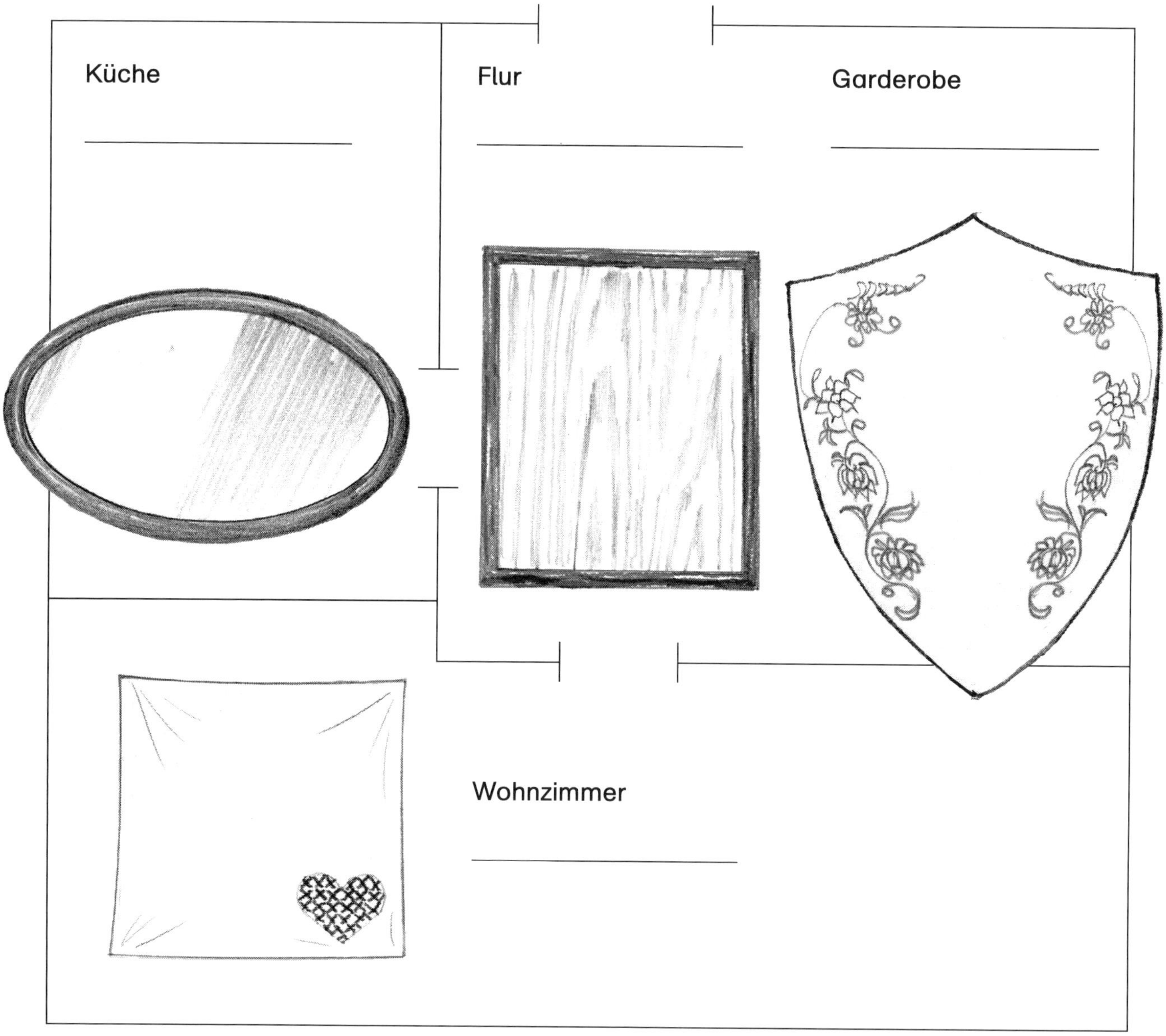

Küche

____

Flur

____

Garderobe

____

Wohnzimmer

____

2. Wählt einen Raum aus. Überlegt, warum Gus' Eltern den jeweiligen Spruch ausgerechnet dort aufgehängt haben. Begründet eure Entscheidung.

3. Beschreibt, welche Bedeutung die „Ermutigungen" für Gus' Vater und für Gus haben (S. 34 f.).

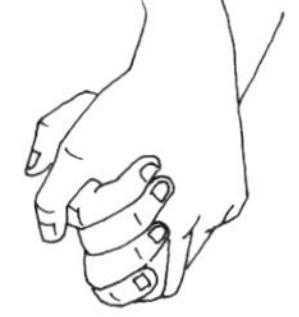

Im „Hazelversum“

Mrs Lancaster erinnert Hazel an ihren „Halbgeburtstag“. Auf Drängen ihrer Mutter trifft sich Hazel mit ihrer Freundin Kaitlyn im Einkaufszentrum. Die Begegnung spiegelt das „Hazelversum“ wider, in dem die Sechzehnjährige lebt.

Ergänze das Schaubild.

a) Notiere, was die drei Phasen der Begegnung für Hazel bedeuten.
b) Hazel vermeidet es, ihrer Freundin von ihrem Gesundheitszustand zu erzählen. Erläutere mögliche Gründe.
c) Kaitlyn sagt im Schuhgeschäft über ein Paar Pumps: „Die bringen einen doch um ...“ (S. 52) Danach fühlt sie sich schuldig. Erkläre die Problematik der Aussage für Hazel.
d) Hazel interessiert sich für Science-Fiction. Warum?

Treffen mit Kaitlyn	gemeinsames Einkaufen	Verabschiedung

Wirklichkeit

Gründe, nicht über ihren Zustand zu sprechen

____

____

____

____

____

Problematik der Aussage für Hazel

____

____

____

____

____

Fantasie

____

____

____

5. bis 9. Kapitel: Beziehungen

Inhalt

(5) Augustus tauscht sich mit Hazel über „Ein herrschaftliches Leiden“ aus. Augustus verkündet ihr, dass er die Assistentin des Autors, Lidewij Vliegenthart, ausfindig gemacht und per E-Mail kontaktiert hat. Van Houtens Antwort stellt Hazel jedoch nicht zufrieden, weshalb sie ihm erneut schreibt. Danach erzählt Gus von seiner früheren, an Krebs verstorbenen Freundin Caroline Mathers. Bei einem Besuch im Memorial Hospital lässt sich Isaac von Hazel trösten, da er nach seiner Operation erblindet ist. Am nächsten Tag erhält Hazel eine E-Mail von Van Houten. Statt ihre Fragen zu beantworten, lädt er sie im Falle eines Amsterdam-Aufenthalts zu sich ein. Da Hazel ihren von einer gemeinnützigen Organisation bezahlten „Herzenswunsch“ bereits eingelöst hat, möchte ihr Gus mit der Einlösung seines eigenen Wunsches eine Reise in die Niederlande ermöglichen.

(6) Hazel erkennt, dass sie ernsthaft in Gus verliebt ist, jedoch Angst vor körperlicher Nähe hat. Am Telefon tauscht sie sich mit Kaitlyn über ihr „Jungsproblem“ aus. Anschließend sucht Hazel den Namen Caroline Mathers in einem sozialen Netzwerk, um die Kommentare zu ihrem Tod zu lesen und sie auf Fotos mit sich selbst zu vergleichen. Während des Abendessens entlädt sich Hazels Wut über die Anspielungen ihrer Eltern. In ihrem Zimmer beschäftigt sie sich noch einmal mit Caroline, bevor sie sich mit Augustus per SMS unterhält. Vor dem Einschlafen suchen Mr und Mrs Lancaster das Gespräch mit ihrer Tochter, um den Konflikt zu klären.

(7) Gesundheitlich erlebt Hazel einen schweren Rückschlag. Auf der Intensivstation erfährt sie, dass ihre Kopfschmerzen mit dem Sauerstoffmangel zu tun hätten. Bevor die Sechzehnjährige aus dem Krankenhaus entlassen wird, bekommt sie Besuch von Gus, der ihr einen Brief von Van Houten zeigt. Sie liest den Brief zu Hause im Bett. Die Worte bestärken sie in dem Vorhaben, nach Amsterdam zu reisen.

(8) Da sich die Ärzte nicht einig sind, ob Hazels gesundheitlicher Zustand die weite Reise zulässt, stimmen ihre Eltern dem Aufenthalt in Amsterdam nicht zu. Traurig erzählt sie Gus am nächsten Tag, dass die Schaukel in ihrem Garten sie an glückliche Kindheitstage erinnert. Gemeinsam geben die beiden eine Anzeige auf, in der sie die alte Schaukel verschenken möchten. Am nächsten Morgen erhält Hazel eine E-Mail von Van Houtens Assistentin, die noch nicht weiß, dass der Amsterdam-Besuch nicht stattfinden soll. Auf Rückfrage ihrer Tochter gesteht Mrs Lancaster, dass Dr. Maria sie davon überzeugt hat, dass die Reise doch vertretbar ist. Hazel ist überglücklich.

(9) Am Tag vor dem Abflug besucht Hazel zum ersten Mal seit Langem die Selbsthilfegruppe. Nach dem Austausch der aktuellen Entwicklungen begleitet sie den erblindeten Isaac nach Hause, um mit ihm Computer zu spielen. Er spricht Hazel darauf an, dass sie Belastungen von Gus fernhalten möchte.

Unterrichtsschwerpunkte

- Unsicherheit
- Veränderungen
- Sprachbewusstsein

Zu den Kopiervorlagen

KV Seite 19

Ein Wunsch, der von Herzen kommt
Als Unterrichtseinstieg bietet sich der Gesprächs- und Schreibanlass „Wünsche“ an (siehe S. 17). Im Anschluss thematisiert die Kopiervorlage Ängste, Fehlentscheidungen und die Fähigkeit, eigene Maßstäbe für Entscheidungen zu entwickeln. Hazel schämt sich, dass sie ihren Herzenswunsch bereits eingelöst hat und diese Tatsache vor Gus zugeben muss. Die Schüler vergegenwärtigen sich in Aufgabe 1 den Gesprächsablauf. Danach setzen sie sich mit zwei Aussagen von Gus bezüglich des Herzenswunsches auseinander. Als Abrundung eignet sich das Erstellen einer persönlichen „Herzenswunschcollage“ aus der Rubrik „Kreativ aktiv“ (siehe S. 17).

Lösung
Aufgabe 1:
Hazel: Wie komme ich bloß nach Amsterdam?
Augustus: Hast du noch einen Herzenswunsch frei?
Hazel: Nein. Ich habe meinen Wunsch vor dem Krebswunder verbraucht.
Augustus: Was hast du dir gewünscht?
Hazel: Ich war dreizehn.
Augustus: Du bist nicht in Disney-World gewesen.
Augustus: Du hast nicht deinen letzten Wunsch darauf verschwendet, mit deinen Eltern in die Disney-World zu fahren.

Aufgabe 2:
a) Hazel hat Gus gerade gestanden, dass sie ihren Herzenswunsch mit dreizehn Jahren für den Besuch eines Freizeitparks eingesetzt hat. Rückblickend ist ihr die Belanglosigkeit des Wunsches unangenehm. Gus zieht Hazel deshalb mit seiner ironisch gemeinten Aussage auf.

b) Hazel ist überwältigt, dass Gus seinen Herzenswunsch für eine gemeinsame Reise nach Amsterdam verwenden möchte. Da sie nicht sicher ist, ob sie dieses Geschenk annehmen kann („Du musst das nicht tun“, S. 100), beruhigt Gus sie mit seiner Aussage. Ein Stück weit handelt es sich tatsächlich um seinen Wunsch, weil er ebenfalls ein Interesse am Buch „Ein herrschaftliches Leiden“ und vor allem an der Zeit mit Hazel hat. In erster Linie wählt er seinen Wunsch aber, weil das Mädchen ihm viel bedeutet.

KV Seite 20

Leben in zwei Welten

Zu Beginn der Stunde treffen sich die Schüler im „World-Café“ und diskutieren die Frage „In welchen Welten lebst du?“ (siehe S. 17). Leiten Sie anschließend zu Hazels Situation und der Kopiervorlage über. Hier wird thematisiert, dass sich Hazel in einer Welt des Lebens und einer Welt des Sterbens befindet. Durch ihre Freundschaft zu Kaitlyn versucht Hazel, ihrem Leben Normalität zu geben. Gleichzeitig ist sie durch ihre schwere Erkrankung unweigerlich mit den Themen Sterben und Tod konfrontiert und damit über Caroline in einer Gegenwelt zu Hause. Ziel ist es, die Schüler für die existierenden Welten zu sensibilisieren. Verdeutlichen Sie, dass Hazel beide braucht, um ihr Leben im Rahmen ihrer Möglichkeiten gestalten zu können. Je nach Kontext betritt Hazel die verschiedenen parallel existierenden Welten.

Lösung
Einen Lösungsvorschlag finden Sie unten.

KV Seite 21

In der Schaukel liegt die Zukunft

In Kapitel 8 weckt Hazels Schaukel Erinnerungen an die Zeit vor der Erkrankung. Zusammen mit Gus schafft sie es, das aufkommende Gefühl von Traurigkeit zu überwinden, indem sie sich von ihrer Schaukel trennt. Die Besonderheit liegt darin, dass Hazel unbedingt möchte, dass das Spielgerät weiter genutzt wird und andere sich daran erfreuen. Durch die Weitergabe lebt auch ein Stück von Hazel weiter. Die Schaukel symbolisiert Traurigkeit und Freude zugleich. Beide Aspekte werden in der Kopiervorlage aufgegriffen. Außerdem wird verdeutlicht, wie nah Freud und Leid zusammenliegen können und dass es manchmal eine befreiende Wirkung hat, sich von etwas zu trennen.

Im Vorfeld können Sie den Schülern den Auftrag geben, ein Bild eines bedeutsamen Gegenstandes aus ihrer Kindheit mitzubringen. Dieser soll nach Möglichkeit auch gegenwärtig noch einen zentralen Stellenwert in ihrem Leben besitzen. Zu Beginn der Stunde stellen die Schüler ihre Gegenstände kurz vor. Anschließend befassen sie sich mit dem Arbeitsblatt. Mit Aufgabe 1 entschlüsseln sie den Widerspruch in der Beschreibung der Schaukel. In Aufgabe 2 analysieren sie die Wirkung des Bildes auf Hazel.

Lassen Sie die Jugendlichen Überlegungen anstellen, warum es Hazel besser geht, nachdem die Schaukel abgeholt wurde. Hazel schließt mit einer Kindheitserinnerung ab. Sie muss den Anblick in der Gegenwart und Zukunft nicht mehr ertragen, sondern kann sich darüber freuen, dass die Schaukel auch ohne sie weiterlebt. Im Anschluss eignet sich der Schreibanlass „eBay-Kleinanzeige“ (siehe S. 17).

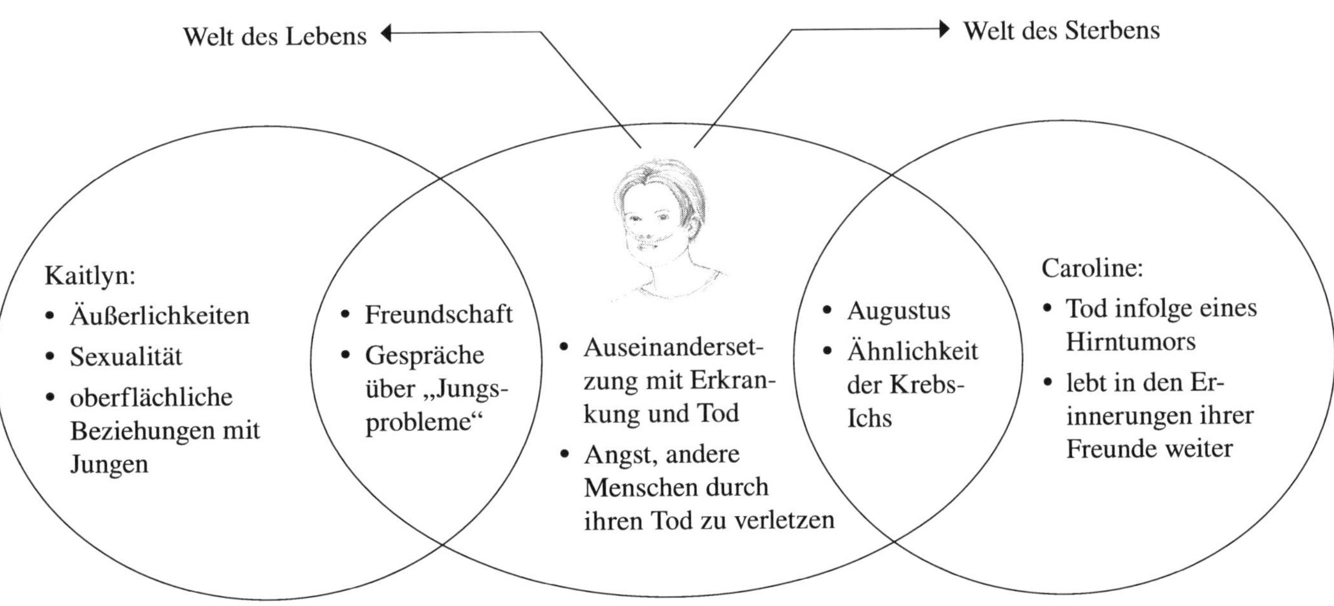

Lösung

Aufgabe 1:

a) Der Widerspruch besteht darin, dass Hazel die Schaukel einerseits als lächelnd, andererseits aber als „still und traurig“ beschreibt.

b) individuelle Lösung; Hinweis: Bei der Zeichnung ist darauf zu achten, dass die Sitzfläche nach unten gebogen ist. Die Gestaltung ähnelt den Smiley-Icons aus der Mobilfunk- und Internetkommunikation.

Aufgabe 2:

a) Die Schaukel wird nicht mehr gebraucht und kann ihre eigentliche Aufgabe, ein Kinderlächeln hervorzurufen, nicht mehr erfüllen. Das betrübt Hazel. Das Spielgerät erinnert sie daran, dass ihre glückliche und gesunde Kindheit unwiederbringlich vorüber ist.

b) Einen Lösungsvorschlag finden Sie unten.

KV Seite 22

Lida ohne Befund

Obwohl Menschen bei ihrer ersten Begegnung oft noch nichts voneinander wissen, entsteht direkt ein Eindruck. Thematisieren Sie diesen Umstand im Einstieg und notieren Sie folgende Fragen an der Tafel: Was nimmt der andere wahr? Was gebe ich von mir preis? Was behalte ich für mich?

Danach leiten Sie zur Begegnung von Hazel und Lida in der Selbsthilfegruppe über. Anhand von Hazels Beschreibungen füllen die Schüler zunächst Lidas Steckbrief aus. In Aufgabe 2 beschäftigen sie sich mit der Frage, warum sich Hazel nicht über Lidas Worte der Bewunderung freuen kann. In der letzten Aufgabe geht es um die Anteilnahme an einem fremden Schicksal. Hazel selbst gelingt dieser Schritt nicht, da sie durch ihre eigene gesundheitliche Situation belastet ist. Die Schüler nähern sich deshalb über Lidas mögliche Beweggründe für den Besuch in der Selbsthilfegruppe der Figur an.

Der Arbeitsauftrag „Aussprache“ in der Rubrik „Kreativ aktiv“ fokussiert die fehlende lösungsorientierte Kommunikation zwischen den Mädchen (siehe S. 18).

Lösung

Aufgabe 1:

- Aussehen: blond, gesund, stämmig
- Besonderheit: Schwimmerin
- Diagnose: Zustand nach Blinddarm-OP
- Meinung zu Hazel: Vorbild, Kämpferin, Tapferkeit, Stärke, Bewunderung

Aufgabe 2:

z. B. Hazel kann sich nicht über Lidas Worte freuen, weil sie die Anwesenheit des Mädchens in der Selbsthilfegruppe nicht für gerechtfertigt hält. Sie ist der Meinung, dass Lida gesund ist, und beneidet sie um diesen Zustand. Auf Hazel wirkt es anmaßend, dass jemand, der ihre Lage nicht nachvollziehen kann, ihre Stärke hervorhebt. Obwohl ihr die abweisende Reaktion prompt leidtut, ist sie auch nach dem Treffen nicht in der Lage, Lida offen zu begegnen.

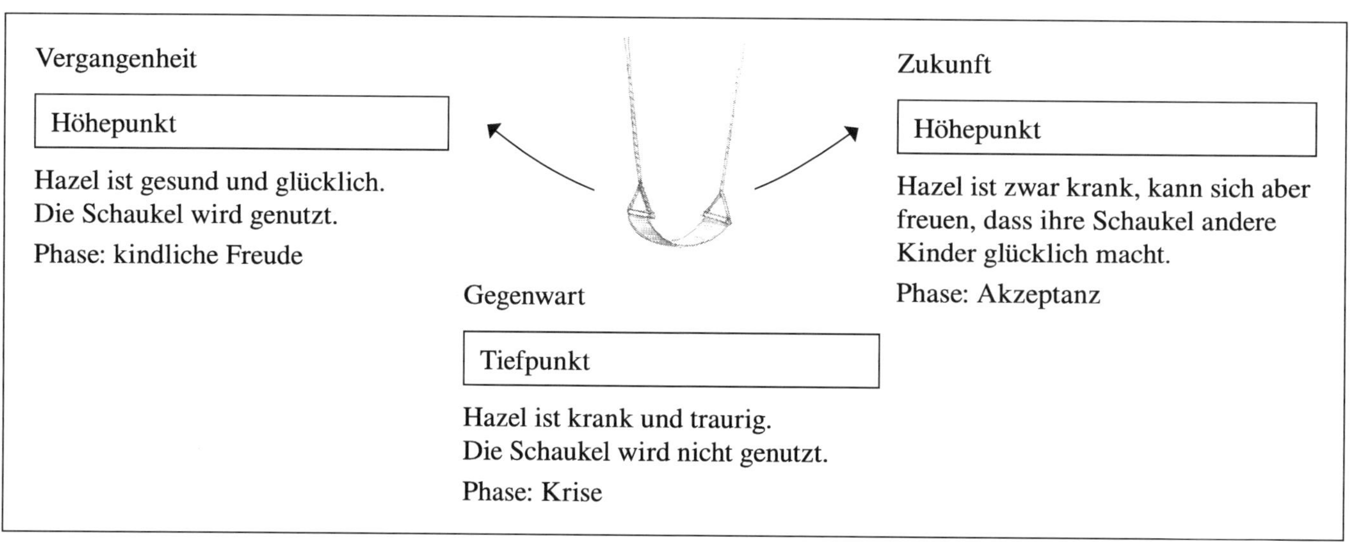

Aufgabe 3:
- Suche nach Gesprächspartnern wegen der Angst vor einer möglichen Krebserkrankung
- Ablenkung
- Trost
- Abbau von Minderwertigkeits-, Angst- oder Schuldgefühlen
- Erkrankung in der Familie

Gesprächs- und Schreibanlässe

Wünsche

Für Augustus und bestimmt auch für manchen Leser ist es nicht nachvollziehbar, dass sich Hazel ihren vermeintlichen Herzenswunsch durch einen Besuch der Disney-World erfüllen ließ. Schreiben Sie deshalb zu Stundenbeginn folgendes Zitat an die Tafel: „Wünsche sind so individuell und vielfältig wie die Farben der Sonne in einem Wassertropfen" (Damaris Wieser, deutsche Lyrikerin). Die Schüler stellen einen Bezug zur Romanhandlung und gegebenenfalls auch zu ihrem eigenen Leben her. Nachdem sie ihre Gedanken geäußert haben, leiten Sie zu den drei Wunscharten nach dem griechischen Philosophen Epikur über (z. B. *www.wunschkreuz.com/seite/253978/der-wunsch.html*).

Die Schüler formulieren ihre eigenen Ideen zu folgenden Impulsen:
- Sein möchte ich einmal …
- Treffen möchte ich einmal …
- Haben möchte ich einmal …
- Erleben möchte ich einmal …

Verweisen Sie darauf, dass Wünsche von inneren (z. B. Gesundheit, Interessen) und äußeren Faktoren (z. B. Familie, Schule) abhängig sind. Als Abrundung können Sie oder die Schüler einige Wunscherfüllungsgeschichten aus Deutschland vorstellen *(www.makeawish.de)*.

In welchen Welten lebst du?

Wie Hazel und Gus haben auch die Schüler täglich mit unterschiedlichen Personen zu tun, bei denen sie verschiedene Rollen ausfüllen. Daran schließt sich die Frage an, in welchen Welten sie leben beziehungsweise zu Hause sind. Lassen Sie die Schüler nach der sogenannten World-Café-Methode miteinander diskutieren.

Möglicher Arbeitsauftrag:
Sprecht über folgende Fragestellungen: Mit welchen Personen habt ihr täglich zu tun? Welche unterschiedlichen Rollen übernehmt ihr jeden Tag? In welchen Welten lebt ihr (z. B. Schule, Familie, Sportverein, Beziehung)? Welche Konflikte können daraus entstehen?

Das World-Café
Das World-Café fördert den informellen Austausch. Dabei stehen vier bis fünf Schüler um Gruppentische, die als Caféhaus-Tische fungieren. Eine „Speisekarte" als Handlungsanleitung, eine „Tischdecke" aus Papier zum Festhalten der Ideen und „Essbestecke" (Stifte) regen die Kommunikation an. Nach etwa fünf Minuten wechseln die Schüler an die nächste Station und finden sich in einer neuen Konstellation zusammen. An jedem Tisch bleibt ein „Gastgeber" zurück und trägt die Ergebnisse der ersten Runde in die neue Gruppe. Auf diese Weise informieren sich die Schüler gegenseitig über Ideen und Perspektiven.

eBay-Kleinanzeige

In Anlehnung an Hazels und Gus' Annonce „Vereinsamte Schaukel sucht liebevolles Zuhause" formulieren die Schüler eine eBay-Kleinanzeige für die Rubrik „Zu verschenken". Im Anschluss befestigen sie ihre Ergebnisse an einer Pinn- oder Magnetwand im Klassenzimmer. In Kleingruppen treten sie an die Wand und jeder sucht sich eine ansprechende Anzeige aus, auf die er mit einer Antwort reagiert. Der Schüler, der das Inserat verfasst hat, entscheidet nun, ob er seinen Gegenstand an diese Person abgeben würde, und begründet dies.

Kreativ aktiv

Meine Herzenswunschcollage

Mithilfe von Ausschnitten aus Zeitungen und Zeitschriften sowie eigenen Fotos, Briefen und Notizen gestalten die Schüler eine Collage zum Thema „Herzenswünsche". Dem kreativen Teil schließt sich eine Präsentationsrunde an. Leistungsschwächere Schüler orientieren sich an folgenden Impulsen:
- Meine Collage zeigt das Thema …
- Auf der Collage erkennt man …
- Oben / Unten ist … zu sehen.
- Links / Rechts befindet sich …
- In der Mitte …
- Diese Collage erinnert mich daran, dass … / an …
- Mir gefällt die Collage, weil …

Was ist eine Collage?
Der Begriff „Collage“ leitet sich von dem französischen Verb „coller“ (kleben, kleistern) ab. Bei einer Collage werden unterschiedliche Materialien zu einer neuen ästhetischen Einheit kombiniert. Die Arbeit daran umfasst das Suchen, Finden, Sammeln, Spielen, Auswählen, Assoziieren, Kombinieren, Verwerfen und Austauschen. Sie spiegelt das Innere des Künstlers sowie seine Stimmungen wider und macht Gefühle und Träume sichtbar.

Aussprache
Nach der Sitzung in der Selbsthilfegruppe entschuldigt sich Lida für ihre Aussagen, die Hazel verletzt haben. Aber ihre Erklärungen können Hazel nicht milde stimmen. Sie weicht aus und lässt Lida einfach stehen (S. 143).

Mögliche Arbeitsaufträge:
- Wie hätte sich der Handlungsverlauf geändert, wenn Hazel sich auf ein klärendes Gespräch mit Lida eingelassen hätte? Verfasst in Partnerarbeit einen Dialog, in dem sich die Jugendlichen aussprechen.
- Präsentiert euer Ergebnis.

Ein Wunsch, der von Herzen kommt

Hazels Familie kann sich eine Reise nach Amsterdam nicht leisten. Deshalb fragt Gus sie nach ihrem Herzenswunsch, der über eine Stiftung erfüllt wird. Hazel muss Gus ein Geständnis machen.

1. Rekonstruiere das Gespräch zwischen Hazel und Gus (S. 89 f.), indem du die Satzteile verbindest. Schreibe es in der richtigen Reihenfolge in dein Heft.

Augustus	Was …	… einen Herzenswunsch frei?
Hazel	Wie komme ich …	… hast du dir gewünscht?
Augustus	Du bist …	… war dreizehn.
Hazel	Ich …	… bloß nach Amsterdam?
Augustus	Du hast nicht …	… deinen letzten Wunsch darauf verschwendet, mit deinen Eltern in die Disney-World zu fahren.
Hazel	Nein. …	… Ich habe meinen Wunsch vor dem Krebswunder verbraucht.
Augustus	Hast du noch …	… nicht in Disney-World gewesen.

2. Diskutiert die folgenden Aussagen von Gus. Wie ernst sind sie gemeint?

a) „Ich fasse es nicht, dass ich auf ein Mädchen mit so billigen Wünschen stehe.“ (S. 90)
b) „Ich habe meinen Wunsch gefunden.“ (S. 101)

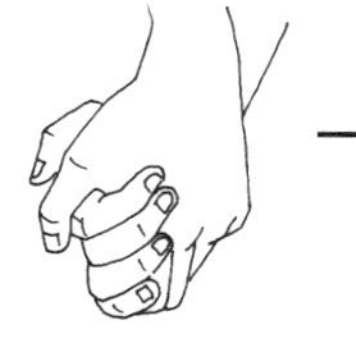

Leben in zwei Welten

Hazel wird bewusst, dass ihr Leben in zwei verschiedenen Welten stattfindet.

Ergänze das Schaubild.

a) Notiere, zu welchen beiden Welten Hazel über Kaitlyn und Caroline Zugang hat.
b) Trage die Schnittmengen ein, die sich aus dem Vergleich der Biografien ergeben (S. 105 – 111).
c) Was ist für die Welt der einzelnen Mädchen jeweils bestimmend?

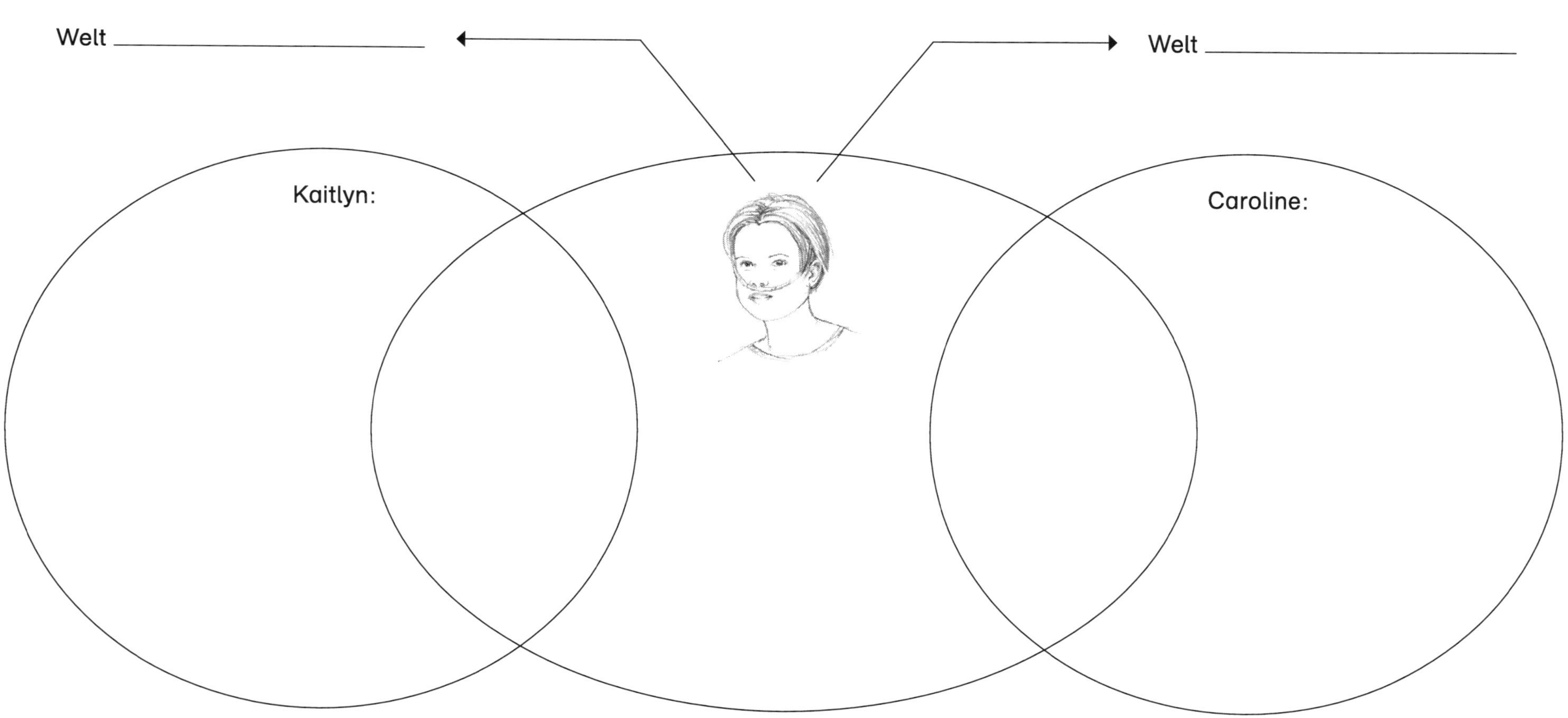

Welt ______________________

Welt ______________________

Kaitlyn:

Caroline:

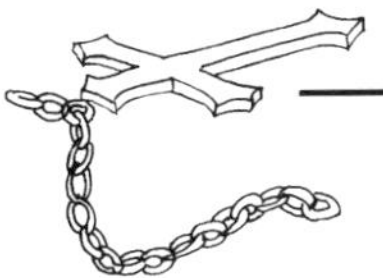

In der Schaukel liegt die Zukunft

Hazels Kinderschaukel weckt Erinnerungen an die Zeit vor ihrer Erkrankung.

1. Lies das folgende Zitat.

„Das Schaukelgerüst stand einfach verlassen da rum, mit den zwei kleinen Schaukeln, die still und traurig von dem ergrauten Balken hingen und deren Umrisse wie die Kinderzeichnung eines Lächelns aussahen." (S. 133)

a) In welchem Widerspruch besteht der Reiz dieses Bildes? Sprecht darüber.
b) Zeichne Hazels Schaukel in dein Heft.

2. Gus bestätigt: „Das ist eine verdammt traurige Schaukel." (S. 134)

a) Beschreibe, warum die Schaukel traurig ist beziehungsweise warum sie Hazel traurig macht.

____

____

____

b) Eine Schaukel schwingt vor und zurück, auf und ab. Mit dem Leben verhält es sich oft ähnlich. Vervollständige das Schaubild.

- Beschrifte die Zeilen über den drei Kästen mit den Begriffen „Vergangenheit", „Gegenwart" und „Zukunft".
- Ergänze in den Kästen: „Höhepunkt" oder „Tiefpunkt".
- Beschreibe darunter jeweils Hazels Zustand und die Nutzung der Schaukel.
- Welche Phasen durchläuft Hazel, wenn sie sich die Bedeutung ihrer Schaukel vergegenwärtigt? Nenne jeweils ein Substantiv, das ihre Lebenssituation beschreibt.

Phase: ________________

Phase: ________________

Phase: ________________

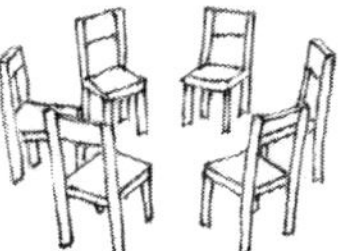

Lida ohne Befund

Hazel hält Lida für gesund. Deshalb löst Lidas Anwesenheit in der Selbsthilfegruppe Unverständnis bei ihr aus.

1. Ergänze den Steckbrief mithilfe von Hazels Beschreibungen (S. 142) und zeichne ein Porträt von Lida.

Name: Lida

Aussehen: ______________________________

Besonderheit: ______________________________

Diagnose: ______________________________

Meinung zu Hazel: ______________________________

____

____

____

2. Warum kann sich Hazel über Lidas Worte der Bewunderung nicht freuen? Weshalb reagiert sie so abweisend? Schreibe deine Ideen auf.

____

____

____

____

____

____

3. Notiere mögliche Gründe, warum sich Lida der Selbsthilfegruppe anschließt.

____

____

____

10. bis 14. Kapitel: Reise nach Amsterdam

Inhalt

(10) Als Hazel und Mrs Lancaster Gus für die gemeinsame Reise nach Amsterdam abholen möchten, werden sie Zeugen einer Auseinandersetzung zwischen ihm und seiner Mutter, in der es um Autonomie geht. Am Flughafen passiert Hazel ohne Sauerstoffgerät die Sicherheitskontrolle, was sie sehr anstrengt. Vor dem Betreten des Flugzeugs verschwindet Gus. Später gibt er zu, dass ihn die Blicke der anderen gestört haben. Während des Flugs sehen sich Hazel und Gus einen Actionfilm an, bevor sie ihm auf seinen Wunsch hin ein Gedicht vorträgt. Daraufhin gesteht er ihr seine Liebe.

(11) Nach einer Pause im Hotel besuchen Hazel und Gus ein Restaurant, wo sie Champagner trinken und gut essen. Als Gus von seinen Heilungschancen spricht, wird Hazel bewusst, dass ihre Therapie der Lebenserhaltung dient. In ihren Augen muss ihr Freund „nur" mit der ständigen Ungewissheit eines möglichen Rückfalls leben. Kurze Zeit später lenkt Gus das Gespräch auf das Weiterleben nach dem Tod. Sie sprechen auch über Caroline, die sich infolge ihres Hirntumors gegenüber ihrem Freund sehr unfreundlich verhalten hat. Hazel verspricht, Gus niemals in eine solche Situation zu bringen.

(12) Für den Besuch bei Peter Van Houten zieht sich Hazel wie die Romanfigur Anna an. Der Autor zeigt sich über das Kommen der Jugendlichen wenig erfreut: Er habe die Einladung nicht wörtlich gemeint. Nach einem Gespräch mit seiner Assistentin empfängt er Hazel und Gus, weigert sich aber, weitere Informationen zu den Figuren preiszugeben. Für ihn ist sein Roman Literatur und keine Aufzeichnung historischer Ereignisse. Als Hazel hartnäckig Antworten einfordert, stößt er sie mit einer Bemerkung über kranke Kinder vor den Kopf. Gemeinsam mit der enttäuschten Assistentin verlassen sie Van Houtens Haus und Gus verspricht Hazel, ein Nachwort zu verfassen. Sie denkt darüber nach, dass sie Gus' Herzenswunsch verschwendet hat. Lidewij begleitet beide in das Anne-Frank-Haus, wo sich Gus und Hazel küssen. Im Hotel schlafen sie miteinander.

(13) Am nächsten Morgen berichten Hazel und Gus Mrs Lancaster von dem Besuch bei Van Houten. Statt der traurigen Version entscheiden sie sich für die komische Variante. Als sie wieder allein sind, erzählt Gus, dass der Krebs bei ihm zurückgekommen ist. Seine Eltern hätten ihm die Reise nach Amsterdam verbieten wollen, da er dafür eine palliative Chemotherapie unterbrochen habe. Er verspricht, gegen den Krebs und die Metastasen zu kämpfen.

(14) Auf dem Rückflug in die USA reflektiert Gus den Besuch bei Van Houten. Am Tag nach ihrer Rückkehr besucht Hazel ihren Freund. Isaac kommt dazu und erzählt, dass er nichts mehr von seiner Exfreundin Monica gehört habe. Gus zeigt Unverständnis für diese Situation, weshalb sie zu dritt zum Supermarkt fahren und Eier kaufen, die Isaac dann auf Monicas Auto wirft. Hazel fotografiert die beiden Jungen – ihr letztes Bild von Gus.

Unterrichtsschwerpunkte

- Lebenseinstellungen der Figuren
- Enttäuschung
- Leben nach dem Tod
- Analyse von Strukturen

Zu den Kopiervorlagen

Tod – und dann?
In Kapitel 11 befassen sich Augustus und Hazel mit der existenziellen Frage nach einem Leben nach dem Tod (S. 178 ff.). Das ist ein Thema, das meist das Interesse der Schüler weckt, da die Antwort aus anthropologischer Sicht spekulativ bleibt und von den Religionen unterschiedlich beantwortet wird.

Als Einstieg zu dieser Kopiervorlage bietet sich die Aufgabe „Ist das etwa das Jenseits?" aus der Rubrik „Kreativ aktiv" an (siehe S. 27), die ein anonymes Stimmungsbild der Klasse entstehen lässt. So nähern Sie sich der Thematik behutsam an, da noch kein Schüler direkt Stellung zu dieser persönlichen Frage beziehen muss. Das Arbeitsblatt konzentriert sich in den Aufgaben 1 und 2 auf Gus' Meinung zu einem Leben nach dem Tod. In Aufgabe 3 eröffnet der Vergleich der Einstellungen von Gus und Hazel mit der eigenen Position Raum zur Diskussion.

Anschließend untersuchen die Schüler Hazels Meinung über das Leben nach dem Tod genauer. Verwenden Sie hierzu den Schreibanlass „Und was glaubt Hazel?" (siehe S. 26). Zum Abschluss stellen Sie den Bezug zum Stundeneinstieg her, indem Sie die Schüler die Aufgabe „Ein Bild vom Jenseits" aus der Rubrik „Kreativ aktiv" bearbeiten lassen (siehe S. 28).

Lösung
Aufgabe 1:

Im Himmel reiten wir auf Einhörnern, spielen Harfe und leben in einem Schloss aus Wolken.	
Der Tod muss eine Bedeutung haben, er muss einem höheren Zweck dienen.	x
Der Mensch existiert auch nach dem Tod, weil die Seele weiterlebt.	x
Die Menschen kehren nach dem Tod aus dem Jenseits zurück.	
Richtig tot ist nur, wer ganz vergessen ist. Davor habe ich Angst.	x
Seit ich krank bin, glaube ich an ein Leben nach dem Tod.	
Wer ein außergewöhnliches Leben gelebt hat, darf in Ruhe sterben.	x

Aufgabe 2:
a) *Irgendwas* mit großem *I*

b) z. B. Gus glaubt an etwas Bestimmtes, an etwas, das einen Namen hat (Namenwörter schreibt man groß), das man sehen, anfassen oder fühlen kann, an etwas, das eine Gestalt hat, oder an einen bestimmten Ort. Die Großschreibung drückt auch Ehrerbietung und Respekt aus.

Aufgabe 3:
Gus: Christentum (vgl. „Das ist Gott …“, „Jenseits“; S. 179)
Hazel: Atheismus (vgl. „Nein“ zum Glauben an ein Leben nach dem Tod, Himmel als „intellektuelle[r] Aussetzer“; S. 179)
Schüler: individuelle Lösung

KV Seite 30

Eine enttäuschende Begegnung
Mithilfe dieser Kopiervorlage rekonstruieren die Jugendlichen zentrale Handlungsschritte aus Kapitel 12. Die Beschäftigung mit der korrekten Reihenfolge ermöglicht eine Reflexion der Ereignisse und verdeutlicht die unterschiedlichen Erwartungshaltungen der Protagonisten. In Aufgabe 2 beurteilen die Schüler Hazels Stimmung, indem sie die Kommunikationssituation analysieren und bewerten. Ihre Ergebnisse notieren sie im Schaubild, das an Gustav Freytags Dramenaufbau angelehnt ist. Für Aufgabe 3 eignet sich eine arbeitsteilige Gruppenarbeit. Die Erkenntnisse führen Sie am Ende im Plenum zusammen, sodass jeder Schüler über alle Ergebnisse verfügt.

Lösung
Aufgabe 1:

Ziffer	Inhalt
8	Als Hazel nicht aufgibt und Van Houten die Geschichte des Hamsters entlocken kann (…).
6	Van Houten, der mehr und mehr Alkohol trinkt, scheint zunächst für Fragen offen (…).
9	Kurz darauf beginnt Van Houten, Hazel und Gus zu beleidigen.
4	Es gelingt Lidewij jedoch, ihren Chef umzustimmen.
1	Zu dem Besuch bei Van Houten kleidet sich Hazel wie die Hauptfigur Anna.
7	Er erklärt, dass er alle Äußerungen in dem Roman zurücknehme.
2	Bei Van Houten angekommen, schließt dieser vor Hazel und Augustus die Haustür.
3	Sie hören aus einem Gespräch zwischen dem Autor und seiner Assistentin Lidewij (…).
10	Die Situation eskaliert, weshalb die Jugendlichen ohne weitere Antworten (…).
5	Hazel erzählt daraufhin, dass Augustus und sie im Rahmen seines Herzenswunsches (…).

Aufgabe 2:
- Drängen auf Antworten: Entschlossenheit („Nein, das kann ich nicht akzeptieren“, S. 202)
- Ablehnung der Erklärungen: Verzweiflung („Nein, ich verstehe, aber es ist unmöglich, sich keine Zukunft für sie vorzustellen“, S. 204)
- Ausbruch: Empörung („Verdammter Blödsinn. Sagen Sie einfach irgendwas! Erfinden Sie es!“, S. 206)
- Abbruch: Enttäuschung („Ich habe deinen Herzenswunsch an einen Drecksack verschwendet“, S. 208)

Aufgabe 3:

Hazel	Gus	Lidewij	Van Houten
nervös (S. 190)	nervös (S. 192)	entschlossen (S. 193)	ablehnend (S. 192)
abgestoßen / entschlossen (S. 193 f.)	mutlos / ernüchtert (S. 193)	gastfreundlich (S. 195)	gleichgültig (S. 195)
entsetzt (S. 198)	verärgert (S. 198)	freundlich / zugewandt (S. 198)	unhöflich (S. 198)
wütend (S. 206 f.)	machtlos / resigniert (S. 207 f.)	beschämt / empört (S. 205 und 207)	ungehalten (S. 205)
traurig / enttäuscht (S. 208)	enttäuscht / verächtlich (S. 208)	enttäuscht / ermutigend (S. 209)	teilnahmslos (S. 206 f.)

Die Gemeinsamkeit von Hazel, Gus und Lidewij besteht darin, dass ihr zu Beginn positives und erwartungsvolles Auftreten sich durch Van Houten auf unterschiedliche Weise ins Negative wandelt und in Enttäuschung mündet. Van Houten ist bereits zu Beginn ablehnend bis destruktiv und am Ende nur noch teilnahmslos.

KV Seite 31

Ein verschwendeter Herzenswunsch?

Als Einstieg eignet sich ein Unterrichtsgespräch über das Thema „Herzenswünsche“. Die Schüler erzählen von einem für sie bedeutsamen Anliegen. Alternativ bietet es sich an, den Wunsch gestalterisch auszudrücken (z. B. durch einen Liedtext, ein Foto, eine Collage, ein Gedicht, eine Zeichnung, einen mitgebrachten Gegenstand). Aufgrund der eingebrachten Erfahrungen können die Schüler die Fragestellung „Ein verschwendeter Herzenswunsch?“ besser nachvollziehen, wenn Sie zu Hazels Situation überleiten.

Das Arbeitsblatt ermöglicht in Aufgabe 1 die Vergegenwärtigung der Ergebnisse des Besuchs bei Van Houten, die Reaktionen bei Hazel und Gus hervorrufen. Darüber hinaus beurteilen die Schüler den Besuch aus der Perspektive der Figuren. Dies dient dazu, im weiteren Verlauf die ursprüngliche Fragestellung in Aufgabe 2 aus Hazels Sicht differenziert beantworten zu können. Die Herausforderung besteht darin, mehrere Antwortoptionen in den Blick zu nehmen.

Lösung

Aufgabe 1:

	Ergebnis des Besuchs	Reaktion	Bewertung des Besuchs
H.	offene Fragen	Enttäuschung	Ergebnislosigkeit
G.	Bereitschaft zu eigenem Nachwort	Trost und Beruhigung	Erfüllung der Sehnsucht nach einer Fortsetzung
H.	Verschwendungsvorwurf an sich selbst	Schuldgefühle	Verfehlung des vordergründigen Reisezwecks
G.	Freude an den gemeinsamen Erfahrungen	Dankbarkeit	Gewinn für die Beziehung

Aufgabe 2:

Ja: Hazel nimmt Gus’ Angebot an, da sie ihren eigenen Herzenswunsch bereits aufgebraucht hat. Vor dem Besuch bei Van Houten hat Hazel keine Gewissheit, ob sie Antworten auf ihre Fragen erhält. Sie weiß nicht, ob Aufwand (die Reise) und Ertrag (die Auflösung des offenen Romanendes) in einem angemessenen Verhältnis stehen. Damit handelt sie bis zu einem gewissen Grad leichtfertig, auch wenn sie Gus für sein Geschenk sehr dankbar ist.

Nein: Die E-Mail-Korrespondenz lässt im Vorfeld der Reise keine Rückschlüsse auf die Interessen- und Respektlosigkeit Van Houtens zu. Zwar erfüllt sich ein wichtiges Ziel des Amsterdam-Besuchs nicht, dafür schweißt der scheinbar verschwendete Herzenswunsch Hazel und Gus enger zusammen. Die gemeinsam verbrachte Zeit kann als Trost und Ausgleich angesehen werden. Hazel vergeudet den Wunsch nicht, sondern zeigt durch ihre Annäherung an Gus, dass sie den Wert seiner Zuwendung erkennt.

Hazels Leben in der Bedürfnispyramide

Beginnen Sie die Unterrichtsstunde mit dem Gesprächsanlass „Was ist ein Bedürfnis?“ (siehe S. 27). Ausgehend von Schülerbeiträgen leiten Sie anschließend zur Kopiervorlage über, die auf dem „Stufenmodell der menschlichen Motivationen“ *(www.abraham-maslow.de/beduerfnispyramide.shtml)* nach Abraham Maslow basiert. Maslow erachtet die Bedürfnisse auf den niedrigeren Ebenen als wichtig für das eigentliche Überleben. Er unterscheidet daher zwischen Defizitbedürfnissen (niedrigen Bedürfnissen) und Wachstumsbedürfnissen (höheren

Bedürfnissen). Erstere müssen seinem Modell zufolge auf jeden Fall erfüllt sein, damit der Mensch überleben kann, aber erst letztere führen zu Zufriedenheit und Glück.

Mithilfe von Aufgabe 1 dieser Kopiervorlage lernen die Schüler die Bedürfnispyramide kennen, bevor sie dem Modell Hazels Bedürfnisse zuordnen, indem sie eigene Beispiele aus dem Roman finden. In Aufgabe 2 vertiefen die Schüler ihre bislang erworbenen Kenntnisse anhand der Amsterdam-Reise. Am Beispiel von Hazel begreifen die Schüler in Aufgabe 3 die Grenzen des Modells.

Der Begriff „Glück" steht in engem Zusammenhang mit erfüllten Bedürfnissen. Unter „Kreativ aktiv" finden Sie einen weiterführenden Unterrichtsvorschlag (siehe S. 28).

Lösung

Aufgabe 1:

siehe S. 227 im Buch

Hazels Bedürfnisse (von unten nach oben):

- Sauerstoffversorgung zur Verbesserung der Lungenfunktion
- finanzielle Versorgung durch die Eltern
- Beziehung zu den Eltern, zu Gus und zur Selbsthilfegruppe
- Erfolgsstreben durch den Besuch des Colleges und den Wunsch nach der Fortsetzung der Romanhandlung
- Entwicklung des eigenen Ichs durch die Beziehung zu Gus

Aufgabe 2:

Möglichkeit 1:

a) soziales Bedürfnis: Hazel möchte Van Houten persönlich treffen und mit Gus diesen Schritt gemeinsam gehen. Zusätzlich begleitet Mrs Lancaster ihre Tochter, die aus gesundheitlichen Gründen nicht allein reisen kann.

b) Geltungsbedürfnis: Hazel strebt nach dem Erfolg, von Van Houten die Romanfortsetzung zu erfahren.

Möglichkeit 2:

a) Geltungsbedürfnis: Hazel strebt nach dem Erfolg, von Van Houten die Romanfortsetzung zu erfahren.

b) Selbstverwirklichungsbedürfnis: Der Roman hat für Hazel eine sinnstiftende Bedeutung. Das Wissen um die Fortsetzung lässt sie persönlich wachsen.

Aufgabe 3:

Hazel müsste eigentlich auf der ersten Stufe verharren, da das physiologische Grundbedürfnis Gesundheit nicht erfüllt ist (Hinweis: Die Ich-Erzählerin spricht im Roman von einem Feststecken auf der zweiten Stufe, S. 227). Die Liebe zu Gus hätte sich nach Maslow somit nicht entwickeln können, da die Sechzehnjährige ihre Kräfte für das Erreichen der untersten Stufe (beziehungsweise der zweiten Stufe) benötigt. Ihrer Meinung nach bleibt das Streben nach den anderen Bedürfnissen erhalten, auch wenn die Erfüllung der Grundbedürfnisse nicht eintritt.

KV Seite 33

Der Krebs kehrt zurück

Die Kopiervorlage zu Kapitel 13 greift Gus' erneute Krebserkrankung und seinen Umgang damit auf. Die Schüler werden an diesem Beispiel für die unterschiedlichen Phasen der Krankheitsverarbeitung sensibilisiert. Ziel ist es, Empathie und Fremdverstehen für den Siebzehnjährigen zu entwickeln, dessen Leben sich drastisch verkürzt und dem die Endlichkeit seines Daseins bewusst wird.

Lösung

Die Lösung finden Sie auf Seite 27.

Gesprächs- und Schreibanlässe

Und was glaubt Hazel?

Hazel und Gus vertreten unterschiedliche Meinungen zu dem Thema, ob es ein Leben nach dem Tod gibt. Gus ist fest davon überzeugt, Hazel behauptet das Gegenteil. Allerdings ist auffällig, dass sie ihr klares Nein immer mehr revidiert, je ausführlicher Gus seine Vorstellungen beschreibt. Außerdem stellt er infrage, dass sie von ihrem „Nein" überzeugt ist, als Hazel nach der verstorbenen Caroline fragt. Er deutet damit an, dass sie in ihren Gedanken weiterlebe. Ist dies auch eine Art, an ein Leben nach dem Tod zu glauben? Die Schüler sollen sich in Hazel hineinversetzen und einen Brief an Gus verfassen, den sie am nächsten Tag hätte schreiben können.

Folgende Aussagen Hazels können hierbei hilfreich sein (S. 179 / S. 184):

- „Ich glaube, ‚für immer' ist ein inkorrektes Konzept."
- „Vielleicht ist Nein zu viel gesagt."
- Ehrlich gesagt hatte ich den Glauben an den Himmel immer für eine Art intellektuellen Aussetzer gehalten. Doch Gus war nicht dumm.
- „Darf ich dich was nach Caroline Mathers fragen?"

Der Brief kann folgendermaßen beginnen:

Lieber Gus,

Deine Nachfrage, ob ich wirklich der Meinung bin, dass es kein Leben nach dem Tod gibt, hat mich nicht mehr in Ruhe gelassen. Ich glaube inzwischen …

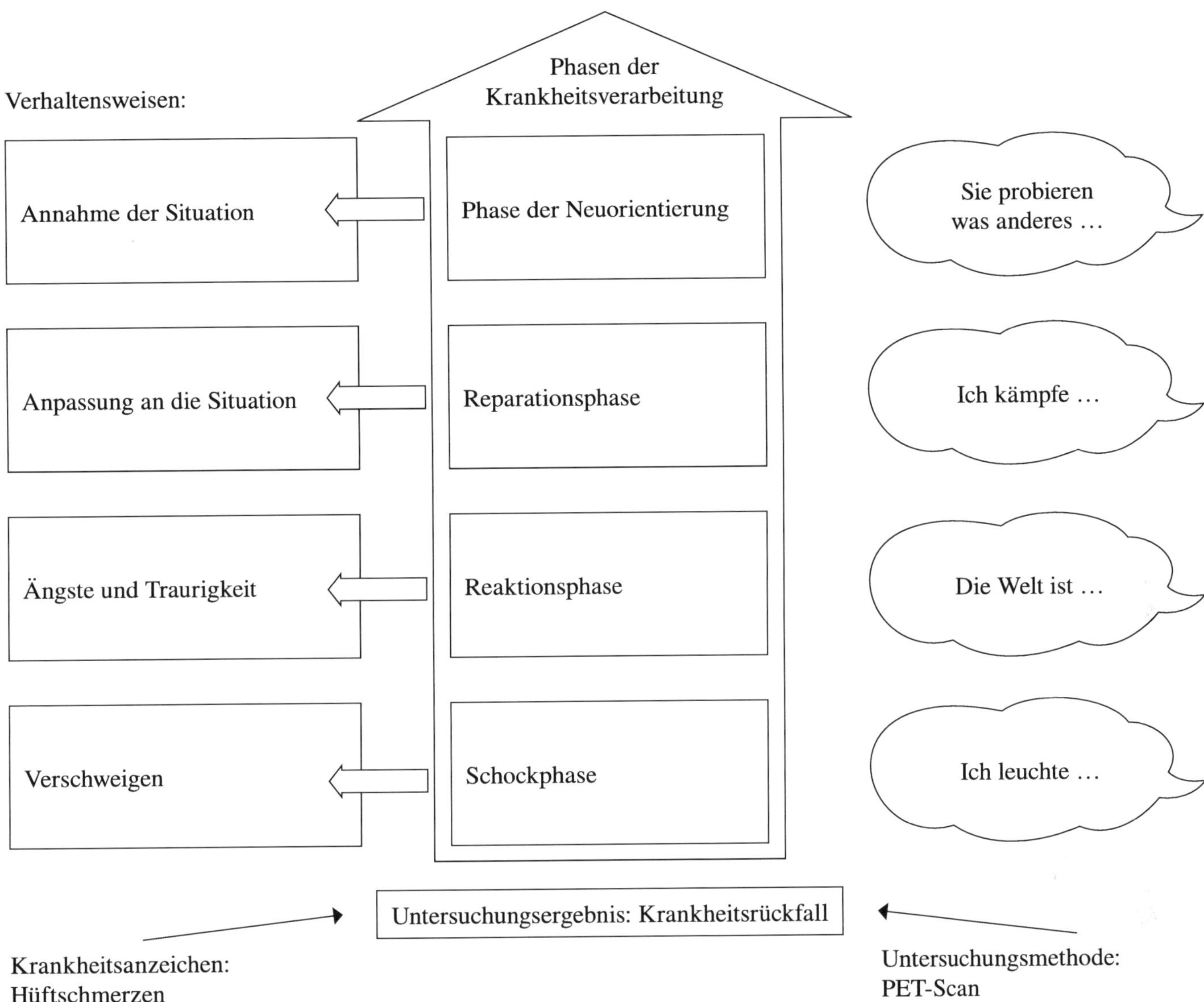

Was ist ein Bedürfnis?

Vor der Auseinandersetzung mit der Bedürfnispyramide nach Abraham Maslow bietet es sich an, mit dem Begriff „Bedürfnis" zu arbeiten. Zu diesem Zweck sammeln die Jugendlichen in einem Brainstorming ihre Bedürfnisse. Geben Sie eventuell die Kategorien „Schule", „Zuhause", „Freizeit" und „Freundeskreis" vor. Die Schüler sollen erkennen, dass der Begriff das Streben umfasst, einen Mangel auszugleichen. Verweisen Sie auf die zwei Gruppen von Bedürfnissen, die das menschliche Dasein beeinflussen, und lassen Sie die Jugendlichen von eigenen Erfahrungen berichten. Defizitbedürfnisse sind dadurch gekennzeichnet, dass ihre Nichterfüllung physische oder psychische Krankheiten hervorrufen kann. Im Gegensatz dazu kann ein Mensch die sogenannten Wachstumsbedürfnisse nicht vollständig befriedigen. Sie sind grenzenlos, da sie auf persönlicher Entfaltung basieren.

Kreativ aktiv

Ist das etwa das Jenseits?

Als Einstieg zur Kopiervorlage „Tod – und dann?" wird die Aussage „Im Himmel reiten wir auf Einhörnern, spielen Harfe und leben in einem Schloss aus Wolken" auf einem DIN-A3-Blatt an der Tafel präsentiert. Jeder Schüler erhält einen roten und einen grünen Klebepunkt, um seine Meinung zur Aussage abzubilden: Alle Schüler, die diese Vorstellung unterstützen oder gut finden, kleben den grünen Punkt auf das DIN-A3-Blatt, all diejenigen, die sie ablehnen, kleben den roten Punkt auf. So erhalten Sie ein anonymes Stimmungsbild der Klasse und eine erste Idee davon, welche Vorstellungen die Jugendlichen vom Jenseits haben.

Ein Bild vom Jenseits

Um ihre eigene Jenseitsvorstellung auszudrücken, können die Jugendlichen ein Bild gestalten. Wer sich dazu nicht äußern möchte, kann alternativ etwas zu einem Zitat aus „Ein herrschaftliches Leiden" malen: „Die aufgehende Sonne zu hell in ihrem schwindenden Blick." (S. 179) Einzelne Schüler präsentieren und erläutern ihre Darstellung im Anschluss.

ARD-Themenwoche „Zum Glück" (2013)

Das Streben nach der Erfüllung von Bedürfnissen ist für viele Menschen mit dem Begriff „Glück" verbunden. Insofern bietet es sich an, sich mit dem Thema in seinen unterschiedlichen Facetten zu beschäftigen. Für eine vertiefte Auseinandersetzung eignet sich beispielsweise die Glücksreportage „Sowas wie Glück – Eine Reise mit Anke Engelke" (abrufbar unter *www.daserste.de/information/reportage-dokumentation/dokus/videos/ard-themenwoche-sowas-wie-glueck-eine-reise-mit-anke-engelke-100.html*). Lassen Sie die Jugendlichen die Situation der Kinder auf der Krebsstation mit der Lage der Figuren im Roman vergleichen.

Mögliche Arbeitsaufträge:

- Worin besteht für Hazel und Gus aus dem Roman sowie für Tobi Klein aus der Reportage das Glücklichsein? Begründet eure Ideen und Eindrücke.
- Beurteile anhand von Tobis Schicksal die Maslow'sche Bedürfnispyramide. Welche Chancen bietet das Modell? Inwiefern werden Grenzen sichtbar?

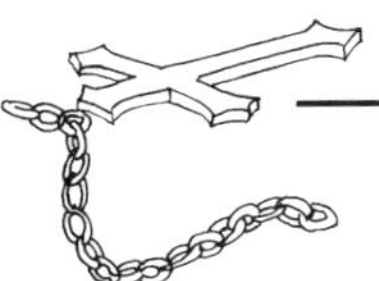

Tod – und dann?

In Amsterdam genießen Hazel und Gus das Abendessen im Oranjee. Nach dem Dessert sprechen sie über eine existenzielle Frage der Menschheit: Gibt es ein Leben nach dem Tod?

1. Gus spricht offen über seine Vorstellung von dem, was nach dem Tod kommt (S. 179 f.). Welche der folgenden Aussagen könnten von ihm stammen? Kreuze an.

Im Himmel reiten wir auf Einhörnern, spielen Harfe und leben in einem Schloss aus Wolken.	
Der Tod muss eine Bedeutung haben, er muss einem höheren Zweck dienen.	
Der Mensch existiert auch nach dem Tod, weil die Seele weiterlebt.	
Die Menschen kehren nach dem Tod aus dem Jenseits zurück.	
Richtig tot ist nur, wer ganz vergessen ist. Davor habe ich Angst.	
Seit ich krank bin, glaube ich an ein Leben nach dem Tod.	
Wer ein außergewöhnliches Leben gelebt hat, darf in Ruhe sterben.	

2. Gus sagt ganz konkret, woran er glaubt (S. 179).

a) Vervollständige die Aussage in der Sprechblase.

b) Erkläre, was die Großschreibung ausdrückt.

____

____

3. Lies die Ausschnitte aus den verschiedenen Jenseitsvorstellungen. Markiere in drei unterschiedlichen Farben: Welche Vorstellung passt am besten zu Gus, zu Hazel und zu dir? Begründe deine Entscheidung.

Judentum:
Nach dem Tod kommt man unter die Erde und von dort in die Unterwelt.

Christentum:
Nach dem Tod kann man in den Himmel kommen. Es gibt ein ewiges Leben.

Islam:
Nach dem Tod kann man ins Paradies kommen. Es gibt ein ewiges Leben.

Buddhismus/Hinduismus:
Nach dem Tod kann man wiedergeboren werden und zurück auf die Erde kommen.

Atheismus:
Mit dem Tod ist das Leben vorbei. Danach ist nichts.

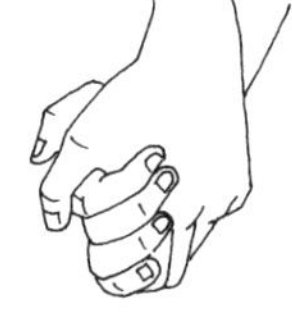

Eine enttäuschende Begegnung

In Amsterdam verläuft das Treffen im Hause Van Houten anders als erwartet.

1. Lies Kapitel 12. Rekonstruiere die Handlungsschritte. Trage die Ziffern 1 bis 10 ein.

Ziffer	Inhalt
	Als Hazel nicht aufgibt und Van Houten die Geschichte des Hamsters entlocken kann, betont der Autor, dass es sich um Literatur und nicht um eine historische Darstellung handle.
	Van Houten, der mehr und mehr Alkohol trinkt, scheint zunächst für Fragen offen zu sein, schweift aber vom eigentlichen Thema in die griechische Philosophie ab.
	Kurz darauf beginnt Van Houten, Hazel und Gus zu beleidigen.
	Es gelingt Lidewij jedoch, ihren Chef umzustimmen.
	Zu dem Besuch bei Van Houten kleidet sich Hazel wie die Hauptfigur Anna.
	Er erklärt, dass er alle Äußerungen in dem Roman zurücknehme.
	Bei Van Houten angekommen, schließt dieser vor Hazel und Augustus die Haustür.
	Sie hören aus einem Gespräch zwischen dem Autor und seiner Assistentin Lidewij heraus, dass er sie nicht empfangen möchte.
	Die Situation eskaliert, weshalb die Jugendlichen ohne weitere Antworten zusammen mit der Assistentin das Haus verlassen.
	Hazel erzählt daraufhin, dass Augustus und sie im Rahmen seines Herzenswunsches etwas über das ausstehende Romanende erfahren möchten.

2. Hazels Stimmung in Van Houtens Haus ändert sich während des Gesprächs. Stelle diesen Wandel mit treffenden Substantiven im Stimmungsbarometer dar.

Nervosität ______ ______ ______ ______

Ankunft | Drängen auf Antworten | Ablehnung der Erklärungen | Ausbruch | Abbruch

3. Das Verhalten der Figuren verändert sich ebenfalls. Beschreibe die Entwicklung anhand von Adjektiven und belege mit Seitenzahlen. Was stellst du fest? Besprecht eure Ergebnisse.

Hazel	Gus	Lidewij	Van Houten

Ein verschwendeter Herzenswunsch?

Hazel schätzt Gus' Entscheidung, seinen Herzenswunsch für das gemeinsame Interesse an „Ein herrschaftliches Leiden" einzulösen. Nach dem Besuch bei Van Houten stellt sie sich die Frage, ob sie den Wunsch vergeudet hat.

1. Rekonstruiere die Ergebnisse des Besuchs und die Reaktionen von Hazel und Gus. Verwende die Begriffe und Erklärungen aus dem Wortspeicher. Bewerte den Besuch anschließend aus der Sicht der jeweiligen Figur.

Dankbarkeit	Bereitschaft zu eigenem Nachwort	Schuldgefühle	offene Fragen	Enttäuschung
Trost und Beruhigung		Verschwendungswurf an sich selbst	Freude an den gemeinsamen Erfahrungen	

	Ergebnis des Besuchs	Reaktion	Bewertung des Besuchs
Hazel			
Gus			
Hazel			
Gus			

Eine Definition des Wortes „verschwenden" lautet, etwas „leichtfertig in überreichlichem Maße und ohne entsprechenden Nutzen [zu] verbrauchen" *(www.duden.de)*.

2. Hat Hazel den Herzenswunsch verschwendet? Begründe deine Ansicht.

Hazels Leben in der Bedürfnispyramide

Eine Äußerung von Gus ruft in Hazel ein Gefühl von Unsicherheit hervor. Daraufhin bewertet sie die Maslow'sche Bedürfnispyramide.

1. Beschrifte anhand von Hazels Erklärungen die Bedürfnispyramide (S. 227 f.). Ergänze rechts jedes Bedürfnis mit einem Beispiel aus Hazels Leben.

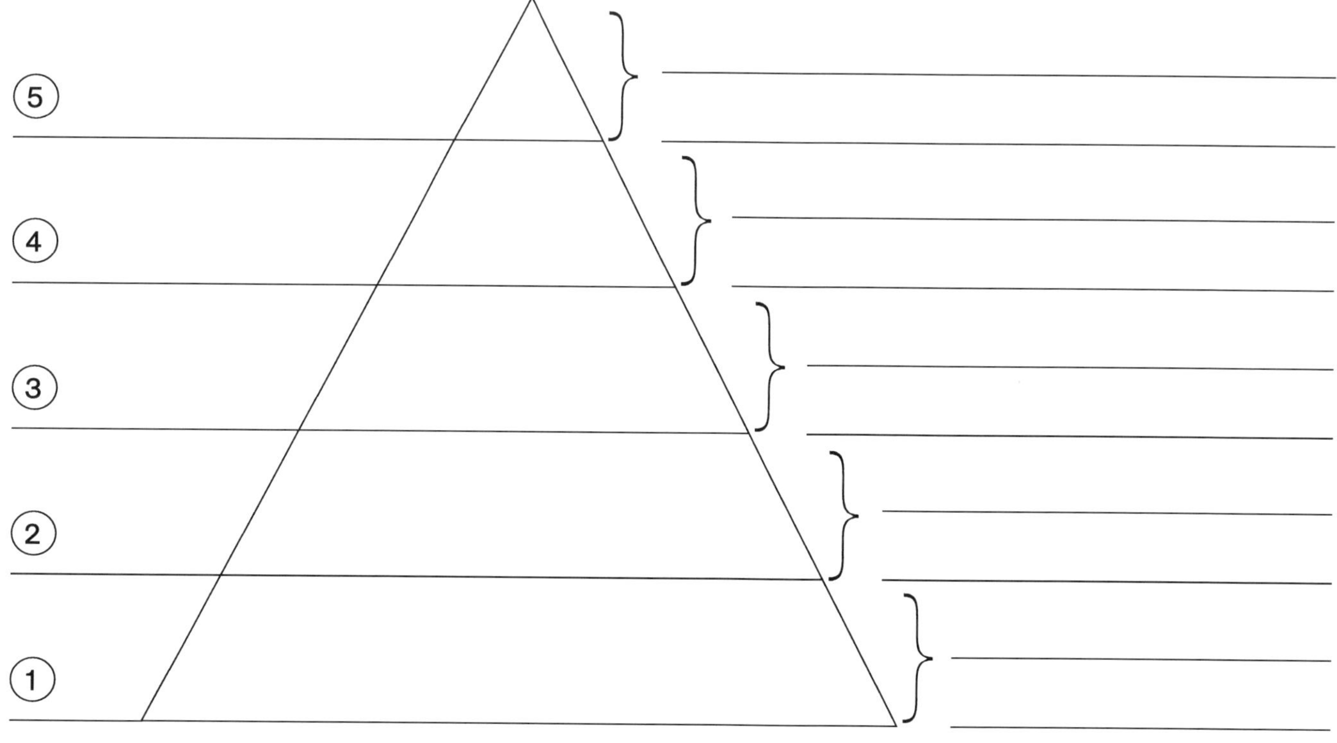

2. Auch die Amsterdam-Reise stillt mehrere Bedürfnisse.

a) Nenne die Stufe in der Bedürfnispyramide, die deiner Meinung nach am stärksten betroffen ist.
b) Begründe, welches Bedürfnis zusätzlich angesprochen wird. Beachte hierzu die Besonderheit der Maslow'schen Theorie (S. 226).

Stufe in der Bedürfnispyramide	zusätzliches Bedürfnis

3. Hazel bewertet Maslows Bedürfnispyramide kritisch (S. 227 f.). Erläutere, inwiefern Maslows Einschätzungen für Hazel nicht zutreffend sind.

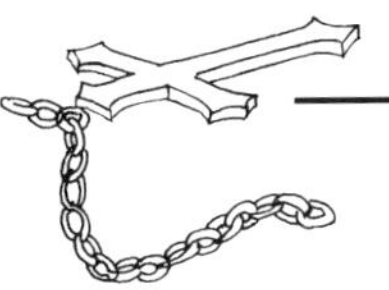

Der Krebs kehrt zurück

Hazel vermutet, dass Gus noch immer krank ist. In einem Gespräch bestätigt sich ihr Verdacht.

Gus spricht offen über seinen Gesundheitszustand (S. 228 ff.). Ergänze das Schaubild.

a) Notiere Krankheitsanzeichen, Untersuchungsmethode und -ergebnis.
b) Ordne den Zitaten von Gus (S. 229 ff.) die vier Phasen der Krankheitsverarbeitung zu.

Reaktionsphase | Phase der Neuorientierung | Reparationsphase | Schockphase

c) Ergänze zu jeder Phase eine Verhaltensweise.

Ängste und Traurigkeit | Anpassung an die Situation | Annahme der Situation | Verschweigen

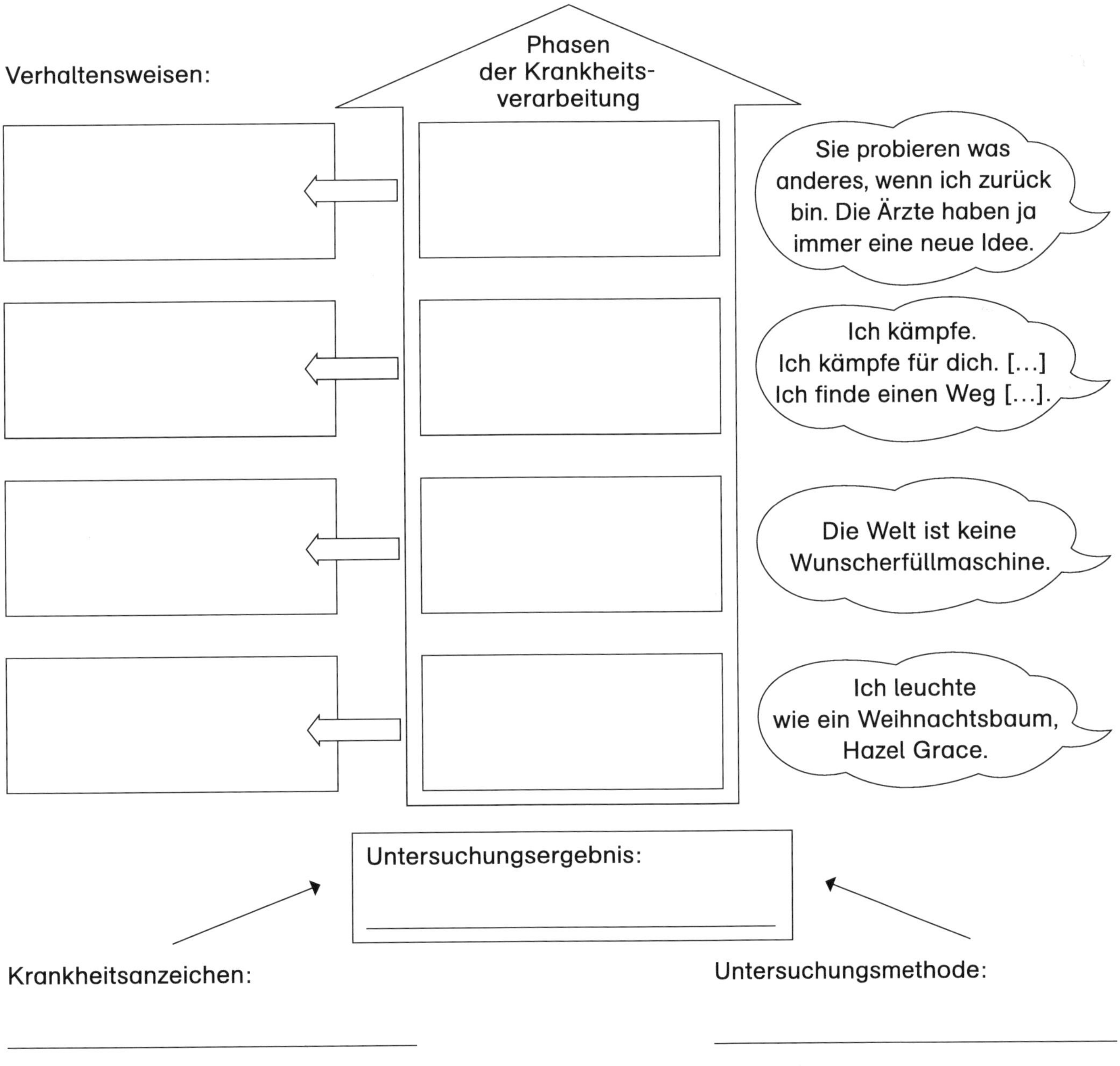

Verhaltensweisen:

Phasen der Krankheitsverarbeitung

Sie probieren was anderes, wenn ich zurück bin. Die Ärzte haben ja immer eine neue Idee.

Ich kämpfe. Ich kämpfe für dich. […] Ich finde einen Weg […].

Die Welt ist keine Wunscherfüllmaschine.

Ich leuchte wie ein Weihnachtsbaum, Hazel Grace.

Untersuchungsergebnis: ______________________

Krankheitsanzeichen: ______________________

Untersuchungsmethode: ______________________

15. bis 20. Kapitel: Abschied auf Raten

Inhalt

(15) Wegen seiner Schmerzen muss Gus in die Notaufnahme. Um sich zu schonen, sitzt er ab jetzt im Rollstuhl. Gus' Mutter verhindert Hazels Vorhaben, ihren Freund zu besuchen. Die Sechzehnjährige tröstet sich, indem sie sich Fotos von ihrer gemeinsamen Zeit ansieht. Nach der Entlassung fahren beide in den Skulpturenpark und trinken Champagner aus Pappbechern.

(16) Müdigkeit hindert Gus daran, für seine Freundin eine Romanfortsetzung zu verfassen. Er erzählt seine Ideen, bevor er den Wunsch äußert, eine Autobiografie zu schreiben. Die beiden ziehen sich in den Keller zurück, wo sie Musik hören, schlafen und gemeinsam Gus' Lieblingsvideospiel spielen.

(17) Eines Morgens sieht Hazel, dass Gus in der Nacht eingenässt hat. Er reagiert beschämt und lenkt von der Situation ab. Hazel kritisiert er, da sie ihn Gus und nicht mehr Augustus genannt hat. Frustriert glaubt sie, dass ihr Freund mit den Dingen, die er hat, unzufrieden ist. Als sie sich für ihre Aussagen entschuldigen möchte, schlägt er vor, gemeinsam zu spielen.

(18) Mitten in der Nacht ruft Gus Hazel an. Er steht mit seinem Wagen an der Tankstelle und benötigt Hilfe, da die PEG-Sonde Schwierigkeiten bereitet. Hazel, die weder den Notarzt rufen noch die Eltern informieren darf, fährt sofort los. Als sie Gus in seinem Erbrochenen mit dem defekten Versorgungsschlauch sieht, wählt sie den Notruf. Bis der Arzt eintrifft, zitiert Hazel ein Gedicht, aber Gus' Bewusstsein ist stark eingeschränkt.

(19) Gus kann das Bett nur noch selten verlassen. Hazel verbringt viel Zeit mit ihm. Sie lernt die komplette Familie kennen, die bei Gus sein möchte, wenn er stirbt.

(20) Gus bittet Hazel, eine Grabrede vorzubereiten und in die Kirche zu kommen, in der sich die Selbsthilfegruppe trifft. Daraufhin bemängeln Mr und Mrs Lancaster, dass ihre Tochter kaum noch Zeit für sie habe. Der Konflikt eskaliert und Hazel zieht sich für die Vorbereitungen in ihr Zimmer zurück. Sie erklärt ihrem Vater schließlich, dass Gus nur noch wenige Tage leben wird. Im Keller der Kirche trifft sie auf Gus, der seine „Vorbeerdigung" erleben möchte. Nach Isaac hält Hazel ihre Rede, in der sie über die Unendlichkeit ihrer Liebe spricht.

Unterrichtsschwerpunkte

- Grenzerfahrungen
- Zuwendung
- Verlässlichkeit
- Abhängigkeit
- Empathie

Zu den Kopiervorlagen

Lebensbegleiter

Als Stundeneinstieg bietet sich die pantomimische Darstellung eines „Lebensbegleiters" aus der Rubrik „Kreativ aktiv" an (siehe S. 37). Die Ergebnisse bereiten die Schüler auf das Arbeitsblatt vor. Über Aufgabe 1, die die Stimmung im Krankenhaus erfahrbar macht, gelangen sie zum Kern des Blattes. Sie vollziehen in Aufgabe 2 die Veränderung von Gus' Leben mit ihren Chancen und Grenzen nach. Im nächsten Schritt erkennen die Schüler, dass es durch den Rollstuhl eine weitere Verbindung zwischen Hazel und Gus gibt. Von nun an müssen beide durch von außen sichtbare Hilfsmittel ihr Leben gestalten. Mit Aufgabe 4 erreichen Sie eine Vertiefung von Aufgabe 3, indem Sie die Schüler den Begriff „Lebensbegleiter" inhaltlich weiter füllen lassen.

Wie Begleiter prägen auch Erinnerungen das Leben. Um dies zu verdeutlichen, befassen sich die Jugendlichen mit der Aufgabe „Daumenkino – aber bitte mit Worten" aus der Rubrik „Kreativ aktiv" (siehe S. 37).

Lösung

Aufgabe 1:
- totale Sterilität
- Funktionalität
- Aufbewahrungsstätte
- Aufschub des Sterbens („Prematorium")

Aufgabe 2:

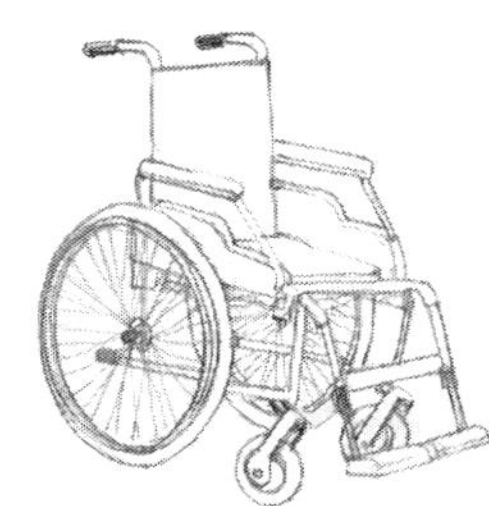

Chancen:
- Fortbewegungsmittel
- Entlastung im Alltag
- Lebensbejahung durch Akzeptanz des Rollstuhls

Grenzen:
- Einschränkung der Bewegungsfreiheit
- Aufgabe der Eigenständigkeit
- Zäsur (keine Rückkehr in das bisherige Leben)

Aufgabe 3:
Hazel und Gus sind beide auf ein Hilfsmittel angewiesen, das sie in ihrem Alltag begleitet, also abhängig von diesem. Dass es beiden so geht, schafft Verständnis füreinander.

Aufgabe 4:

	Personen	Gegenstände
Hazel	Eltern, Gus, Freunde (Kaitlyn, Matt, Monica, vgl. S. 48), Selbsthilfegruppe (besonders Isaac), Van Houten, Lidewij, Ärzte, Gus' Familie	Roman „Ein herrschaftliches Leiden", Fernsehserie „America's Next Top Model", Handy und Laptop
Gus	Eltern, Geschwister, Hazel, Hazels Mutter, Isaac, Selbsthilfegruppe, Van Houten	Prothese, Buch „Preis der Morgenröte", PC-Spiel „Modern Warfare", Film „V wie Vendetta"

KV Seite 40

Flucht vor dem Krebs?
Als Einstieg in die Unterrichtsstunde ist das rotierende Partnergespräch „Wovor kann man flüchten?" geeignet (siehe S. 37). Im Anschluss bearbeiten die Schüler das Arbeitsblatt, das in Aufgabe 1 Ausweichhandlungen aufgrund der Erkrankung thematisiert und zeitlich verortet. Die Auseinandersetzung mit Gus' Fluchtstrategien wird in Aufgabe 2 vertieft. Aufgabe 3 erweitert den Blickwinkel der Schüler zum Thema, indem sie Hazels Rolle beleuchten. Abschließend gelingt es ihnen, das Fragezeichen in der Überschrift der Kopiervorlage aufzulösen.

Lösung
Aufgabe 1:
a) Vergangenheit: Schwelgen in Erinnerung an die Schaukel (S. 253)
Gegenwart: Romanfortsetzung für Hazel (S. 251), Zärtlichkeiten (S. 254), Musik hören (S. 254), Computer spielen (S. 254)
Zukunft: Wunsch nach Autobiografie (S. 252), Wunsch nach Nachruf (S. 257)

b) Gus entflieht nicht der Gegenwart generell, sondern weigert sich, diese vom Thema Krebs dominieren zu lassen.

Aufgabe 2:
Tagträume: Trifft zu, weil er davon träumt, seine Autobiografie zu schreiben (S. 252).
Verdrängung: Trifft zu, weil er sich bestimmten Situationen entzieht (z. B. „Kann ich runtergehen?", S. 254). / Trifft nicht zu, weil ihm die Symptome seiner Krankheit bewusst sind (z. B. „Ich wollte dir eine Fortsetzung schreiben, Hazel Grace, aber ich bin die ganze Zeit so verdammt müde", S. 251).
Resignation: Trifft nicht zu, weil er sich auch motiviert äußert (z. B. „Das Leben ist schön, Hazel Grace", S. 253).

Aufgabe 3:
z. B. Hazel hilft Gus bei seiner „Flucht", da sie ihm etwa durch das Computerspiel das Gefühl gibt, gebraucht zu werden. Gus kann sich im realen Leben nicht selbst retten, weshalb er in die virtuelle Welt abtaucht und dort zum Retter wird (vgl. S. 255).

Aufgabe 4:
Gus' Aussage ist als Ermutigung und als Wertschätzung des Lebens angesichts des Todes zu verstehen. Gleichzeitig verdrängt er ein Stück weit die Realität. Dadurch flüchtet er gedanklich vor dem Krebs. Das Fragezeichen in der Überschrift löst sich somit auf.

KV Seite 41

Rettung in der Not
Nutzen Sie für den Einstieg den Gesprächsanlass „Retter in der Not" (siehe S. 37). Ausgehend von den Erfahrungen der Schüler leiten Sie zu der Frage über, warum Hazel das Gedicht „Die rote Schubkarre" zitiert, das im Fokus der Unterrichtsstunde steht. Durch die Verknappung der Worte kann Gus seine Aufmerksamkeit auf das Wesentliche, die inhaltliche Botschaft, richten. Er nimmt die Worte wahr, da sie reduziert sind. Die Konzentration rettet ihn letztlich vor dem Verlust des Bewusstseins. Die Kopiervorlage umfasst die inhaltliche Erschließung des Gedichts „Die rote Schubkarre" sowie dessen Fortsetzung. Wegen der hohen kognitiven Anforderungen eignet sich eine Partnerarbeit. Unterstützung erhalten die Schüler durch die Vorgaben im Wortspeicher. Im Anschluss beziehen sie die Verse des Gedichts auf Gus' Situation.

Nach der Bearbeitung bietet der Unterrichtsvorschlag „Die rote Schubkarre bleibt zurück" in der Rubrik „Kreativ aktiv" die Möglichkeit, dass sich die Schüler selbst im lyrischen Ausdruck üben (siehe S. 37).

Lösung
a) Das Gedicht finden Sie im Buch auf Seite 264.

b) und c) Erschließung des Inhalts / Übertragung auf Gus' Situation:
- Hinweis auf Krankheit / z. B. Sanitäter transportieren Gus auf einer Trage.

- Wasser als Symbol für einen Neubeginn/z. B. Für Gus beginnt ein anderer Lebensabschnitt.
- Zeichen für einen (bevorstehenden) Todesfall/z. B. Arzt und Sanitäter können den Tod nicht aufhalten.
- Ruhepause/z. B. Gus muss den Lauf des Lebens akzeptieren.
- akute Notwendigkeit für das Überleben/z. B. Gus' Sonde ermöglicht das Überleben.
- Lenkung des Schicksals durch eine höhere Macht/z. B. Das Schicksal bestimmt über Gus' Leben.

Wer braucht hier eigentlich wen?

Bei dieser Kopiervorlage stehen die Abhängigkeitsverhältnisse der Figuren im Zentrum. In Aufgabe 1 arbeiten die Schüler mit Zitaten aus dem Roman, während sie in Aufgabe 2 selbst eine passende Textstelle zur vorgegebenen Situation auswählen müssen. Die Ergebnisse aus den beiden Aufgaben fließen in Aufgabe 3 ein, in der sie selbstständig ein Schaubild gestalten.

Danach befassen sich die Schüler in Einzelarbeit mit dem Schreibanlass „Was ich noch sagen wollte" (siehe S. 37). Damit erreichen Sie eine Abrundung der Unterrichtsstunde und eine mögliche Lösung des Konflikts mit den Eltern.

Lösung

Aufgabe 1:

a) Gus braucht Hazel.

b) Hazels Eltern brauchen ihre Tochter.

c) Hazel braucht ihre Eltern.

Aufgabe 2:

z. B. Hazel braucht Gus, um ihren Herzenswunsch zu erfüllen (vgl. S. 99 ff.)./Hazel ist traurig wegen ihrer Schaukel und Gus ist für sie da (vgl. S. 133 ff.).

Aufgabe 3:

z. B.

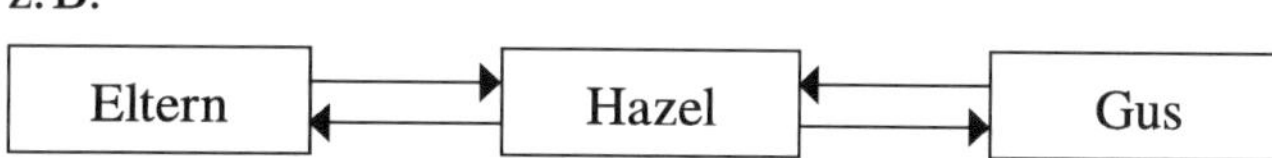

Ergebnis: Hazel befindet sich in zwei Abhängigkeitsverhältnissen und muss sich ständig zwischen Gus und ihren Eltern entscheiden.

Beerdigung auf Probe

In Kapitel 20 veranlasst Gus ein Treffen, bei dem er mit Isaac und Hazel seine „Vorbeerdigung" initiiert. Dieses Vorgehen wirkt auf die Schüler vermutlich befremdlich. Weisen Sie darauf hin, dass Gus einen konkreten Plan verfolgt: Er möchte nicht in Vergessenheit geraten. Um die Schüler auf das Stundenthema einzustimmen, können Sie ihnen zunächst einen Ausschnitt aus dem Lied „Was wirklich bleibt" von Christina Stürmer vorspielen. Sprechen Sie mit ihnen darüber, was der Text über Erinnerung aussagt, und vergleichen Sie gegebenenfalls die Komplexität von Roman und Songtext.

Zur Bearbeitung von Aufgabe 1 teilen Sie die Klasse in zwei Gruppen. Die eine setzt sich damit auseinander, woran sich Isaac erinnert, wenn er über Gus nachdenkt, und welche Gefühle ihn dabei begleiten. Die andere Gruppe befasst sich mit Hazels Gedanken und Emotionen. Danach werden die Ergebnisse zusammengetragen. Anschließend diskutieren die Schüler, welchen Einfluss Gus' Anwesenheit auf die Reden hat. Aufgabe 2 verdeutlicht anhand einer Aktiv- und einer Passivformulierung, wie Gus es auf unterschiedliche Weise schafft, nicht vergessen zu werden.

Dass die Würdigung einer Person nicht erst mit dem Tod stattfinden muss, erfahren die Schüler mithilfe des Schreibanlasses „Lebensrede" (siehe S. 37). Alternativ können Sie noch einmal auf das Lied „Was wirklich bleibt" zurückkommen. Einen möglichen Arbeitsauftrag dazu finden Sie unter „Woran wirst du dich erinnern?" in der Rubrik „Kreativ aktiv" (siehe S. 38).

Lösung

Aufgabe 1:

a)

	Isaacs Grabrede	Hazels Grabrede
Welche zentralen Themen werden in der Grabrede angesprochen?	Selbstverherrlichung, gutes Herz, Angeberei, Gus als Vielredner, Eitelkeit, Freundschaft	Liebe, Mathematik, Unendlichkeit, Ewigkeit
Wie wird Gus insgesamt dargestellt?	Isaac stellt Gus eher negativ dar.	Hazel stellt Gus sehr liebenswürdig dar.
Welche Gefühle begleiten die Redner?	Trauer, Traurigkeit	Trauer, Traurigkeit, Wehmut

b) Gus lädt Hazel und Isaac zu seiner „Vorbeerdigung" ein, weil er wissen möchte, wie sich die beiden an ihn erinnern werden. Die ungewöhnliche Situation, dass der Betrauerte beim Vortrag der Grabreden anwesend ist, hat auch Einfluss auf deren Inhalt. Isaac hebt auf liebevoll-ironische Weise die eher negativen Eigenschaften seines Freundes hervor. Er möchte ihn zum Lachen bringen und ist noch nicht bereit, Abschied zu nehmen. Hazel nutzt die Rede, um zu betonen, wie intensiv die Liebe der beiden war und wie dankbar sie für die gemeinsame Zeit ist. In erster Linie richten sich ihre Worte an Gus und nicht an eine Trauergemeinde.

Aufgabe 2:

a) … durch die außergewöhnliche Situation der „Vorbeerdigung" Aufmerksamkeit erregt.
… für Gus eine Grabrede schreiben.

b) Im ersten Satz verhindert Gus selbst, dass er vergessen wird (aktiv). Im zweiten Satz verhindern Hazel und Isaac, dass Gus vergessen wird (passiv).

Gesprächs- und Schreibanlässe

Wovor kann man flüchten?
Die Schüler befassen sich vor dem Hintergrund des Romans mit der Fragestellung „Wovor kann man flüchten?". Sie äußern ihre Gedanken dazu in einem rotierenden Partnergespräch.

Rotierendes Partnergespräch
In einem inneren und einem äußeren Stuhlkreis sitzen sich die Jugendlichen gegenüber. Diejenigen im Innenkreis beginnen, den Mitschülern aus dem Außenkreis ihre Einfälle zu erklären. Nach einer Zusammenfassung der Ergebnisse durch die Zuhörer des äußeren Kreises rücken die Schüler des Innenkreises auf ein Zeichen des Lehrers zwei Plätze nach links und sitzen jetzt einer anderen Person gegenüber. Nun eröffnet der Schüler aus dem Außenkreis das Gespräch und teilt dem neuen Gesprächspartner die bisherigen Ergebnisse mit.

Retter in der Not
Es gibt immer wieder Situationen, in denen uns andere durch ihre Anwesenheit, Handlungen und Worte in einer schwierigen Situation begleiten und uns beistehen. Lassen Sie die Schüler berichten, welche

Erfahrungen sie mit „Rettung(en) in der Not" gemacht haben und was ihnen dabei als Retter oder Geretteter geholfen hat, die Situation zu bewältigen.

Was ich noch sagen wollte
Hazel gerät in eine Auseinandersetzung mit ihren Eltern. Es herrschen unterschiedliche Ansichten darüber, wer mit wem wie viel Zeit verbringen sollte. Der Konflikt eskaliert (S. 271 f.), weil sich jeder unverstanden fühlt.

Möglicher Arbeitsauftrag:
Verfasse einen Brief von Hazel an ihre Eltern. Begründe, warum dir die Zeit mit Augustus so wichtig ist. Schlage auch zwei Kompromisse vor, damit sich Hazels Eltern nicht weiter zurückgesetzt fühlen.

Lebensrede
Erinnerungen, Eigenartigkeiten und herausragende Charaktereigenschaften sollten nicht erst im Zusammenhang mit dem Tod eines Menschen gewürdigt werden. Die Schüler verfassen daher in Partnerarbeit zum Abschluss eine „Lebensrede" für ihren Mitschüler, in der sie die oben genannten Aspekte würdigen.

Kreativ aktiv

Pantomime
Jeder Schüler notiert auf einem Zettel einen für ihn wichtigen Lebensbegleiter (z. B. Smartphone, Kopfhörer, Haustier, Brille). Sammeln Sie die Notizen ein. Nacheinander kommen ausgewählte Schüler vor die Klasse, ziehen einen Zettel und stellen den Begriff pantomimisch dar. Nachdem die Lösung erraten wurde, wird das Wort an der Tafel notiert. Auf diese Weise wird die Vielzahl an möglichen „Lebensbegleitern" sichtbar.

Daumenkino – aber bitte mit Worten
Hazel sieht sich im Memorial Hospital die Fotos auf ihrem Handy an (S. 249). Durch das rückwärtslaufende Daumenkino erinnert sie sich an die gemeinsamen Momente mit Gus. Nicht nur Fotos, sondern auch Worte tragen dazu bei, Erinnerungen zu bewahren.

Möglicher Arbeitsauftrag:
Formuliere zu jedem Foto in Hazels Handy einen passenden Erinnerungssatz.

Die rote Schubkarre bleibt zurück
Hazel beginnt Gus und sich abzulenken, indem sie das Gedicht „Die rote Schubkarre" von William Carlos Wil-

liams zitiert. Schreibe das Gedicht und Hazels Fortsetzung unter dem Titel „Die rote Schubkarre bleibt zurück“ fertig. Berücksichtige dabei, dass sich Hazel und Gus auf dem Weg ins Krankenhaus befinden.

Woran wirst du dich erinnern?

Spielen Sie den Schülern den Refrain des Liedes „Was wirklich bleibt“ von Christina Stürmer vor.

Möglicher Arbeitsauftrag:

Versetze dich in Hazel oder Isaac hinein. Verfasse einen Tagebucheintrag, in dem du unter Berücksichtigung des Liedauszugs den Tag der „Vorbeerdigung“ reflektierst.

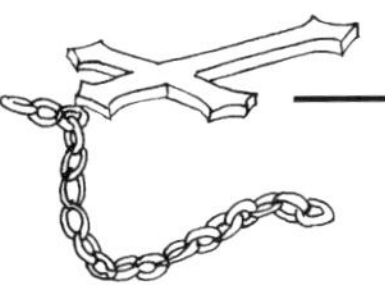

Lebensbegleiter

Wegen Schmerzen in der Brust muss Gus ins Krankenhaus. Hazel möchte ihn besuchen und erfährt, dass er ab sofort einen Rollstuhl benötigt.

1. Beschreibe stichpunktartig, wie Hazel das Memorial Hospital erlebt (S. 248).

2. Mrs Waters erklärt: „Ab jetzt Rollstuhl.“ (S. 248) Notiere, welche Chancen und Grenzen dadurch für Gus entstehen.

Chancen

Grenzen

3. Die „Lebensbegleiter“ Sauerstoffwagen und Rollstuhl vereinen Hazel und Gus. Erläutere diese Aussage.

4. Sammle weitere „Lebensbegleiter“ von Hazel und Gus in der Tabelle.

	Personen	Gegenstände
Hazel		
Gus		

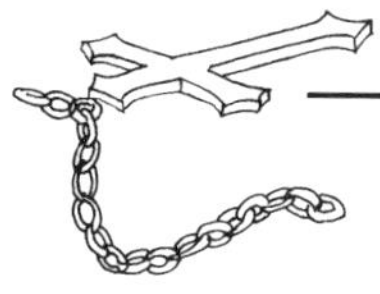

Flucht vor dem Krebs?

Gus befindet sich im Spätstadium seiner Erkrankung. Hazel erzählt von einem „typischen Tag“ mit ihrem Freund.

1. Gus flüchtet in andere Welten, um sich abzulenken. Vervollständige das Schaubild.

a) Lies die Seiten 251 bis 257. Ergänze die Zeitleiste mit Gus' Tätigkeiten und Gedanken, die sich auf die Vergangenheit, Gegenwart oder Zukunft beziehen.
b) Entflieht Gus der Gegenwart? Fasse deine Feststellung in ein bis zwei Sätzen zusammen.

Vergangenheit	Gegenwart	Zukunft
__________	__________	__________
__________	__________	__________
__________	__________	__________
__________	__________	__________

Feststellung: ______________________________

____

2. Es gibt mehrere Methoden, sich der Gegenwart zu entziehen. Entscheide dich, ob die folgenden Methoden auf Gus zutreffen, und begründe deine Meinung.

Tagträume: Trifft zu / Trifft nicht zu, weil ____________________.

Verdrängung: Trifft zu / Trifft nicht zu, weil ____________________.

Resignation: Trifft zu / Trifft nicht zu, weil ____________________.

3. Hazel übernimmt unbewusst die Rolle einer „Fluchtbegleiterin“. Erläutere diese These anhand einer geeigneten Szene aus Kapitel 16.

____

____

____

____

4. Sprecht über den Zusammenhang zwischen Gus' Aussage „Das Leben ist schön, Hazel Grace“ (S. 253) und der Überschrift „Flucht vor dem Krebs?“.

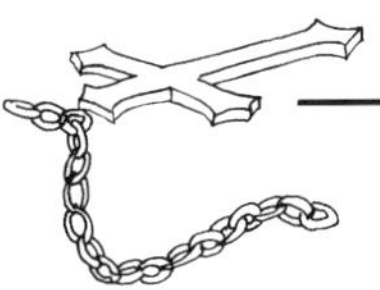

Rettung in der Not

Hazel findet Gus in einem lebensbedrohlichen Zustand an der Tankstelle. Bis der Krankenwagen eintrifft, versucht sie, ihn bei Bewusstsein zu halten.

Befasse dich mit dem Gedicht „Die rote Schubkarre“ und mit Hazels Fortsetzung.

a) Notiere das Gedicht von William Carlos Williams (S. 264).
b) Erschließe den Inhalt des Gedichts und der Fortsetzung mithilfe des Wortspeichers.
c) Übertrage die Versinhalte auf Gus' Situation.

akute Notwendigkeit für das Überleben	Lenkung des Schicksals durch eine höhere Macht	Zeichen für einen (bevorstehenden) Todesfall
Ruhepause	Wasser als Symbol für einen Neubeginn	Hinweis auf Krankheit

William Carlos Williams' „Die rote Schubkarre“

______________________ } ______________________
____
______________________ Gus: ______________________
____

______________________ } ______________________
______________________ Gus: ______________________

______________________ } ______________________
______________________ Gus: ______________________

Hazels Fortsetzung

Und so viel hängt ab
von dem blauen Himmel zerschnitten

von den untoten blattlosen Ästen
der Bäume über uns

} ______________________
Gus: ______________________

So viel hängt ab
von der durchsichtigen PEG-Sonde
im Bauch eines blaulippigen Jungen

} ______________________
Gus: ______________________

So viel hängt ab
vom Beobachter des Universums

} ______________________
Gus: ______________________

Wer braucht hier eigentlich wen?

In Gus' letzten Lebenswochen ist Hazel gefordert, sich ihre Zeit angemessen einzuteilen. Dabei werden unterschiedliche Ansprüche deutlich.

1. Lies die folgenden Zitate und notiere das Abhängigkeitsverhältnis.

a) „Guten Abend, Hazel Grace. Meinst du, die Möglichkeit besteht, dass du heute Abend gegen acht zu [Jesu] buchstäblichem Herzen kommen kannst?" (S. 270)

____

b) „Hazel, dein Vater und ich haben das Gefühl, wir bekommen dich überhaupt nicht mehr zu sehen." (S. 271)

____

c) „Die Stöpsel. Ich brauche Luft." Mein Vater ließ mich sofort los und schloss mich an die Sauerstoffflasche an. (S. 272)

____

2. Ist Hazel auch auf Gus angewiesen? Beschreibe eine passende Situation aus dem Roman.

____

____

3. Stelle die Abhängigkeitsbeziehungen als Schaubild dar. Fasse das Ergebnis in einem aussagekräftigen Satz zusammen.

Ergebnis: __________________________________

____

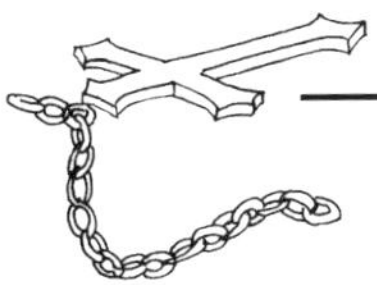

Beerdigung auf Probe

Augustus, Hazel und Isaac treffen sich in dem vertrauten Raum der Selbsthilfegruppe. Der Grund des Treffens erscheint skurril: Gus hat eine „Vorbeerdigung" arrangiert.

1. Untersuche die Grabreden von Isaac und Hazel genauer.

a) Trage deine Ergebnisse in die Tabelle ein.

	Isaacs Grabrede (S. 275 f.)	Hazels Grabrede (S. 277 f.)
Welche zentralen Themen werden in der Grabrede angesprochen?		
Wie wird Gus insgesamt dargestellt?		
Welche Gefühle begleiten die Redner?		

b) Diskutiert, welchen Einfluss Gus' Anwesenheit auf die Reden von Isaac und Hazel hat.

2. Mehrfach erwähnt Gus, dass er Angst vor dem (irdischen) Vergessen habe (S. 18 und S. 180). Mit seiner „Vorbeerdigung" sorgt Gus auf zweifache Weise vor.

a) Ergänze die beiden Satzanfänge.

Gus <u>hält</u> sich in Erinnerung, indem er ____________________

____

Gus <u>wird</u> in Erinnerung <u>gehalten</u>, indem Isaac und Hazel ____________________

____

b) Arbeite anhand der beiden Sätze heraus, wer jeweils das Vergessen verhindert. Achte auf die Unterstreichungen.

21. bis 25. Kapitel: Die Zeit danach

Inhalt

(21) Einige Tage später ruft Gus' Mutter in der Nacht an, da Gus gestorben ist. In ihrer Trauer wählt Hazel die Handynummer ihres Freundes, hört seine Mailboxansage und ein unheimliches Rauschen in der Leitung. Danach sichtet sie Beileidsbekundungen zu Gus' Tod auf seiner virtuellen Pinnwand des sozialen Netzwerks. Sie wundert sich über die ihr unbekannten Personen, die zuletzt auch keinen Kontakt zu Gus hatten. Als sich Hazel zu ihren Eltern setzt und sie ihre Tochter umarmen, trauert sie.

(22) Hazel geht zu Gus' Beerdigung und trifft auf Van Houten. Sie versucht, ihn zu ignorieren. Während des Gottesdienstes halten Isaac und sie ihre Grabreden. Nach der Beerdigung bittet Van Houten Hazel um eine Mitfahrgelegenheit und stellt sich Mr und Mrs Lancaster vor. Er erzählt der Sechzehnjährigen von seiner Korrespondenz mit Gus, doch sie zeigt sich unbeeindruckt und fordert ihn auf, den Wagen zu verlassen. Zu Hause sucht ihr Vater das Gespräch und tröstet seine Tochter.

(23) Isaac erzählt bei Hazels Besuch von Gus' Notizen, die möglicherweise die Fortsetzung des Romans sein könnten. Sie beschließt, diese im Haus ihres verstorbenen Freundes zu suchen. Im Auto wartet Van Houten, der alkoholisiert ist. Er erzählt ihr von seiner an Leukämie verstorbenen Tochter und wie sehr ihn der Tod bis heute belaste. Hazel erfährt, dass Van Houtens Tochter als Vorlage für die Romanfigur Anna gedient hat. Daraufhin ermutigt sie den Autor, noch einen Roman zu schreiben. Sie verabschieden sich, bevor Hazel im Haus der Familie Waters erfolglos nach dem Text sucht.

(24) Gus' Vater ruft Hazel an, da er ein Notizbuch mit herausgerissenen Seiten gefunden hat. Sie sucht die Aufzeichnungen in der Kirche, ohne diese jedoch zu finden. Anschließend nimmt Hazel an der Sitzung der Selbsthilfegruppe teil. Zu Hause besteht Mrs Lancaster darauf, dass ihre Tochter zu Abend isst und gesund bleibt. Hazel wehrt sich gegen letztere Aussage und erinnert sie an ihren bevorstehenden Tod. Sie befürchtet, dass ihre Eltern ihr eigenes Leben aufgeben. Deshalb erzählt Hazels Mutter von ihrem sozialpädagogischen Fernstudium, um Krisenberatungen und Gruppenleitungen für Familien mit einem kranken Mitglied zu übernehmen.

(25) Kaitlyn bringt Hazel auf die Idee, dass Gus die Notizen an jemand anderen geschickt haben könnte. In einer E-Mail wendet sie sich an Lidewij, die ihr ein mehrseitiges Schreiben schickt, das sie bei Van Houten gefunden hat. Der Inhalt offenbart, dass es keine Romanfortsetzung gibt, wohl aber Stichworte für eine noch nicht verfasste Grabrede für Hazel. Am Ende seiner Ausführungen betont Gus, dass er glücklich mit der Wahl seiner Freundin sei. Hazel stimmt seiner Hoffnung, dass es ihr genauso gehe, in Gedanken zu.

Unterrichtsschwerpunkte

- Anteilnahme
- Umgang mit Veränderungen
- Verständnis
- emotionale Kommunikation

Zu den Kopiervorlagen

KV Seite 50

Gus stirbt – seine Pinnwand lebt

Nach dem Tod gibt es immer noch die Möglichkeit, indirekt mit jemandem „in Kontakt zu treten“. Man wählt zum Beispiel die Telefonnummer, um die Stimme auf dem Anrufbeantworter zu hören, oder besucht in einem sozialen Netzwerk die Seite des Verstorbenen. Dieses Phänomen wird den Schülern auf der Kopiervorlage am Beispiel von Gus' Tod verdeutlicht. Im Zentrum steht die Kompetenz, das eigene Sprachbewusstsein weiterzuentwickeln.

Stellen Sie zu Beginn des Unterrichts die Frage: „Was passiert eigentlich mit einem Facebook-Account oder mit einem WhatsApp-Konto, wenn jemand stirbt?“ So leiten Sie direkt zum Inhalt des Arbeitsblattes über, auf dem sich die Schüler mit dem Schaubild zu Gus' Pinnwand befassen. Unter a) sammeln sie im Plenum die Gemeinsamkeiten der Einträge. Danach schließen sie bei b) und c) in Einzelarbeit über sprachliche Besonderheiten auf die Beziehung zwischen Absender und Gus. Abschließend nehmen die Schüler Hazels Perspektive ein und setzen sich mit ihren Emotionen auseinander.

Eine Anregung für die thematische Weiterarbeit finden Sie in der Rubrik „Kreativ aktiv“ unter der Überschrift „Mein *Post* für Gus“ (siehe S. 48 f.).

Lösung

a) Gemeinsamkeiten der Einträge:
- häufige Anrede: Bro (Abkürzung für *brother* (Bruder), Anrede innerhalb der Jugendsprache, vgl. „Alter“)
- drei von sechs Einträgen beginnen mit „Ich“
- religiöser Wortschatz: Gott, Frieden, Himmel, segne, ewig leben
- Worte der Zuneigung: liebe, lieb, Herzen, vermisse
- Worte der Wertschätzung, des Lobes und der Trauer

b) Bro, Bro, Augustus, großer Mann, Bro, Kumpel

c) mögliche Verfasser der Einträge / Verhältnis zu Gus:
- Eintrag 1: Schulfreund, der auch Basketball spielt
- Eintrag 2: Freund oder Freundin, keine sehr enge Beziehung (Floskel)
- Eintrag 3: erwachsene Person (eventuell Familie), jemand aus der Selbsthilfegruppe oder der Gemeinde, weil Gus' Name nicht abgekürzt wird und der Eintrag sehr religiös klingt
- Eintrag 4: Schulfreund, der für die Klassengemeinschaft spricht („unserem Herzen")
- Eintrag 5: ein ebenfalls erkrankter Jugendlicher, der überzeugt ist, dass es ein Wiedersehen nach dem Tod gibt, oder eine Schulfreundin, die in Gus verliebt war
- Eintrag 6: Bekannter, der auch den Nachnamen erwähnt (Zeichen für Distanz) und Gus lange nicht gesehen hat, aber so tut, als sei er Gus' Kumpel

d) Einträge 1, 4 und 6

e) Eintrag 1: „Ich wette, du spielst jetzt Basketball im Himmel." / Eintrag 4: „ewig leben" / Eintrag 6: „legendären Kampf gegen Krebs"

f) Hazels Gefühle:
- Eintrag 1: Ironie und Ärger über die kindliche, räumliche Himmelsvorstellung (Hinweis: In der Theologie ist der Himmel kein Ort, sondern ein Zustand. Gus ist das bewusst, was aus dem Gespräch mit Hazel in Amsterdam hervorgeht, vgl. S. 179.)
- Eintrag 4: Ärger über die Macht der Hinterbliebenen über den Verstorbenen (Der Hinterbliebene entscheidet, wann die Person in Vergessenheit gerät und damit erst wirklich „stirbt".)
- Eintrag 6: Ärger darüber, dass sich einige vermeintliche Freunde erst nach dem Tod melden

Beerdigung mit Irritationen

Wenn die Atmosphäre in der Klasse dafür geeignet ist, können die Schüler im Unterrichtseinstieg erzählen, ob sie schon einmal bei einer Beerdigung waren und wie sie diese erlebt haben. Gegebenenfalls erhalten Sie Berichte von Jugendlichen unterschiedlicher Religionen und weiten somit den Blick für verschiedene Beerdigungsrituale.

Danach leiten Sie zur Kopiervorlage über, die einzelne Bestandteile von Gus' Beerdigung aufgreift. Aufgabe 1 zeigt exemplarisch, welche Personen üblicherweise Abschiedsworte während der Trauerfeier sprechen. In Aufgabe 2 untersuchen die Schüler vor dem Hintergrund der „Vorbeerdigung" aus Kapitel 20 den Inhalt der Reden von Hazel und Isaac. Beide haben ihre Worte überarbeitet, um Gus im besten Licht erscheinen zu lassen und die Bedürfnisse der Hinterbliebenen zu berücksichtigen. Aufgabe 3 verdeutlicht, dass Hazel nicht mit allem, was auf der Beerdigung gesprochen wird, einverstanden ist. Durch die farbsymbolische Analyse des Anzugs lösen die Schüler letztlich Hazels Irritation über Van Houtens Auftreten auf.

Als weiterführende Aufgabe bietet sich zum einen der Schreibanlass „Was sagt Julie?" an (siehe S. 48). Zum anderen empfiehlt sich die Betrachtung von „Gus' Abschiedslied" in der Rubrik „Kreativ aktiv" (siehe S. 49).

Lösung

Aufgabe 1:

Pfarrer, Schulfreund, Schwester Julie

Aufgabe 2:

a) z. B. Isaac: „Augustus Waters [...] ist nicht zu ersetzen." (S. 290)
Hazel: „Ohne Leid würden wir nicht wissen, was Freude ist." (S. 291)

b) z. B. Isaac stellt Gus viel positiver dar als bei der „Vorbeerdigung". Er erwähnt nur den freundschaftlichen Aspekt. Negative Charaktereigenschaften kommen nicht mehr vor.
Hazel zitiert eine Ermutigung aus Gus' Elternhaus. Das Besondere ihrer Liebesbeziehung erwähnt sie nicht. Anders als bei der „Vorbeerdigung" möchte sie nicht die Liebe zu Gus in den Vordergrund stellen, sondern die Unterstützung der Familie ihres Freundes („Ich war zu dem Schluss gekommen, dass Beerdigungen für die Lebenden da waren", S. 291).

Aufgabe 3:
- S. 289: „Im Himmel wird Augustus wieder heil und ganz." → Hazel bezieht die Aussage auf Gus' Beinprothese und versteht sie somit im wörtlichen Sinn. Für sie ist die Prothese ein Teil von Gus und kein Ausdruck von Unvollständigkeit.
- S. 290: „Jetzt hören wir ein paar Worte von Augustus' besonderer Gefährtin Hazel." → Hazel betont, dass sie Gus' Freundin gewesen sei. Das Wort „Gefährtin" gefällt ihr nicht. Es schafft einerseits Distanz und impliziert andererseits, dass sie eine „Leidensgenossin" von Gus sei. Beide Darstellungen erscheinen dem Mädchen unpassend.

Aufgabe 4:

a) Peter Van Houtens Kleidung:
   - Anzug: weiß und aus Leinen
   - Hemd: taubenblau
   - Krawatte: grün

b) Die Farben (und das Material) von Van Houtens Anzug symbolisieren Begriffe, die in engem Zusammenhang mit dem Tod beziehungsweise dem Leben nach dem Tod stehen. Weißes Leinen steht für Frieden, Reinheit und Licht. Es wird in manchen Religionen, z. B. im Islam, bis heute als Leichentuch verwendet. Die Farbe Blau wird mit Sehnsucht und dem Himmel verbunden, Grün mit Hoffnung. Die Farben sind positiv konnotiert. Das Hoffnungsvolle wird hervorgehoben. Daher kann man durchaus von einem „Beerdigungsanzug" sprechen, auch wenn er nicht – wie üblich – schwarz (Farbe der Trauer) ist.

Letzte Chance für Van Houten

KV Seite 52

Diese Kopiervorlage verdeutlicht, dass die Figur Peter Van Houten das verbindende Element zwischen Romaninhalt und Autor ist. Van Houten nimmt eine bedeutsame Rolle ein. Innertextlich fungiert er als Gegenspieler Hazels. Auf der Metaebene bildet er auch einen Gegenpart zu John Green, der die Charakterzüge Van Houtens als abstoßend empfindet. Die Schüler arbeiten in den Aufgaben 1 und 2 zunächst auf der Inhaltsebene, bevor sie in Aufgabe 3 auf die Metaebene wechseln. In diesem Zusammenhang findet ein Übergang vom Arbeitsmedium „Lektüre" zu einem Zeitungsinterview statt. Es wird deutlich, dass Van Houten auf mehrfache Weise „zurückkehrt": zu Hazel und zu John Green.

Der Schreibanlass „Denkblasen" zur Förderung der Empathie (siehe S. 48) kann als Vertiefung zwischen Aufgabe 2 und 3 eingefügt werden. Alternativ oder additiv eignet sich der Arbeitsauftrag „Begegnung im Auto" aus der Rubrik „Kreativ aktiv" (siehe S. 49).

Lösung

Aufgabe 1:

Hazel erschrickt, als jemand im Auto ihrer Mutter auf Schwedisch zu rappen beginnt.	X	A
Sie erkennt Van Houten und ist zu einem Gespräch bereit.		D
Van Houten möchte sich entschuldigen.	X	U
Hazel erinnert Van Houten an Anna.	X	S
Van Houten bestätigt Hazel, dass seine eigene Tochter an Krebs gestorben ist.	X	S
Anna starb an der gleichen Krebsart wie Gus.		E
Er beklagt auf ironische Weise den Leidensweg seines Kindes.	X	P
Für die Eltern war die Zeit des Wartens unerträglich.	X	R
Durch weitere Therapiemaßnahmen gelang es, das Leben der Tochter (...).		O
Hazel interpretiert Van Houtens Buch als Möglichkeit, die Tochter weiterleben zu lassen.	X	A
Van Houten war nicht in der Lage, seiner Tochter zu erklären, dass sie sterben würde.		L
Er sagte seiner Tochter, dass er bald in den Himmel nachkommen würde.	X	C
Hazel rät Van Houten zur Ausnüchterung und zum Schreiben eines weiteren (...).	X	H
Van Houten lehnt die Möglichkeit des Weiterschreibens erneut ab.		R
Beide verabschieden sich voneinander.	X	E

Lösungswort: Aussprache

Aufgabe 2:

- S. 302: „O Gott! Raus aus dem Wagen, oder ich rufe die Polizei. Mann, was ist Ihr *Problem*?"
- S. 305: „Sie hatte Leukämie?", fragte ich. Er nickte. „Wie Anna", sagte ich.
- S. 305: „[...] wobei wir sie am Ende nach New York gebracht haben, wo ich wohnte, um eine Reihe von experimentellen Foltermethoden an ihr auszuprobieren, die das Elend ihrer Tage vergrößerte, ohne ihre Anzahl zu vergrößern."
- S. 306: „Ich musste ihr sagen, dass sie sterben würde, und ich habe ihr erzählt, sie würde in den Himmel kommen."
- S. 306: „Ja. Du hast recht. Du hast recht."

Aufgabe 3:

a) John Green hat die Figur Peter Van Houten erschaffen, weil dessen Roman für seine Protagonistin Hazel ein Identifikationsangebot darstellt. Nach eigener Aussage hat er „Das Schicksal ist ein mieser Verräter“ ebenfalls geschrieben, um Jugendlichen Identifikationsmöglichkeiten zu bieten.

b) Peter Van Houten ist ein Alter Ego des Autors John Green. Das bedeutet, dass Green als realer Schriftsteller Charakterzüge Van Houtens in seiner Persönlichkeit angelegt sieht, von denen er hofft, sie mögen niemals zum Vorschein kommen. Dazu zählen dessen Herzlosigkeit, die fehlende Empathie sowie die Überzeugung, dass grausames Verhalten im Leben unter dem Deckmantel „Aufrichtigkeit“ gerechtfertigt ist.

c) John Green weiß aus seiner Fanpost, dass sich das Ende eines Buches für den Leser manchmal wie ein Verlust oder Tod anfühlt. Im Gegensatz zu Van Houten kann er dieses Empfinden nachvollziehen. Hazels Schicksal bleibt am Ende des Romans offen, wodurch er eine Parallele zu „Ein herrschaftliches Leiden“ schafft. So lässt er Raum für die Hoffnung, dass sie weiterlebt.

KV Seite 53

Weichenstellungen für die Zukunft

Im Unterrichtseinstieg äußern die Schüler ihre Assoziationen zum Bildimpuls „Wohin führt der Weg?“ (siehe S. 48). Leiten Sie danach auf die Kopiervorlage zu Kapitel 24 über, die die Themen „Lebensgestaltung“ und „Reflexionsvermögen“ beinhaltet. Ausgehend von der Lektüre wird deutlich, dass Hazel und ihre Eltern Vorkehrungen treffen, um ihre Zukunft zu gestalten. Im Mittelpunkt der Auseinandersetzung stehen die damit verbundenen Sorgen und Herausforderungen. Nach dem Vervollständigen der vorgegebenen Satzanfänge in Aufgabe 1 finden die Schüler in Aufgabe 2 heraus, welche Ängste die Familie begleiten. Daraus leiten sie in Aufgabe 3 Herausforderungen für die Gestaltung der Zukunft ab.

Lösung

Aufgabe 1:

- Hazels Mutter (S. 315): „Selbst wenn du stirbst, bin ich immer noch deine Mutter, Hazel. Ich höre nie auf, deine Mutter zu sein.“
- Hazel (S. 316): „Ich will nur, dass ihr beide weiterlebt. Ich habe Angst, dass ihr euer Leben aufgebt, dass ihr den ganzen Tag hier rumsitzt und die Wand anstarrt und am liebsten tot wärt.“
- Hazels Mutter (S. 316): „Aber wenn ich einen Abschluss in Sozialpädagogik mache, kann ich Familien in Krisensituationen beraten oder Gruppen leiten für Familien, die mit Krankheiten zu tun haben …“
- Hazels Vater (S. 316): „Wir hatten beide Angst, dass du dich im Stich gelassen fühlen würdest. Es ist uns so wichtig, dass du weißt, dass wir *immer* für dich da sind, Hazel.“
- Hazels Vater (S. 318): „Deine Mutter und ich lieben uns, und wenn wir dich verlieren, stehen wir das gemeinsam durch.“
- Hazel (S. 318): „Ich will einfach nicht euer Leben kaputt machen oder so was.“

Aufgabe 2:

- Angst vor Strukturlosigkeit
- Angst vor Leere
- Angst vor Verletzung
- Angst vor fehlendem Zusammenhalt
- Angst vor Schuldgefühlen
- Angst vor Verlust

Aufgabe 3:

- Verarbeitung der Belastungen (psychisch / gesundheitlich / finanziell)
- Schaffen von Orientierung und Zukunftsperspektiven
- Gewinnen von Lebensqualität
- Achtung und Respekt vor dem anderen, Akzeptanz des anderen, Verständnis (für die anderen Familienmitglieder)

KV Seite 54

Augustus' Nachlass – anders als erwartet

Bereits in den Kapiteln 16 und 17 erhält der Leser Hinweise darauf, was Gus in seinem Notizblock aufgeschrieben haben könnte. In Aufgabe 1 vergegenwärtigen sich die Schüler beide Möglichkeiten: eine Romanfortsetzung oder einen Nachruf auf Hazel. Hierbei ist ausschlaggebend, wer das Vorhaben beziehungsweise den Wunsch äußert. In Aufgabe 2 stehen Hazels Erwartung und Gus' Hinterlassenschaft in direktem Gegensatz zu den Aussagen aus Aufgabe 1. Die Schüler begründen und beurteilen dieses Verhältnis. Aufgabe 3 verdeutlicht am Beispiel von Gus und Van Houten, dass jeder Mensch unterschiedliche Stärken hat und durch Kombination oft ein besseres Resultat erzielt wird. Ob sie das Ende des Romans als Happy End verstehen, diskutieren die Jugendlichen anschließend in Aufgabe 4.

Zum Abschluss der gesamten Lektüre stellen die Schüler den Buchtitel infrage, indem sie sich überlegen, ob das Schicksal ein mieser Verräter ist. Den Arbeitsauftrag finden Sie in der Rubrik „Kreativ aktiv" (siehe S. 49).

Lösung

Aufgabe 1:

- Gus: „Ich wollte dir eine Fortsetzung schreiben, Hazel Grace, […]" (S. 251). Funktion: Vorhaben
- Hazel: „Ich will nur, dass du einen [Nachruf] für mich schreibst" (S. 257). Funktion: Wunsch

Aufgabe 2:

- Hazels Erwartung: Das Schreiben der Romanfortsetzung zu „Ein herrschaftliches Leiden" ist das Größte, das Gus noch hätte tun können.
- Gus' Hinterlassenschaft: Grabrede für Hazel
- Ergebnis und Beurteilung: Das Ergebnis weicht von dem Wunsch und dem Vorhaben aus Aufgabe 1 ab. Es zeigt, dass Gus seine Freundin als Person wichtiger ist, als etwas Großes zu leisten.

Aufgabe 3:

Die Fähigkeiten von Gus und Van Houten ergänzen sich. Gus liefert die „guten Inhalte", Van Houten kann diese „gut" ausdrücken. Damit zeigt Gus, dass er für Hazel nur das Beste möchte. Der Nachruf soll perfekt werden.

Aufgabe 4:

z. B.

- Der Roman hat kein Happy End. Gus ist tot und Hazel damit allein. Wahrscheinlich wird sie auch sterben.
- Der Roman hat ein Happy End, weil die Liebe der beiden unendlich ist.

Gesprächs- und Schreibanlässe

Was sagt Julie?

Auch Augustus' Schwester Julie spricht im Gottesdienst über ihren Bruder. Der Leser erfährt allerdings nichts von dem Inhalt ihrer Rede (vgl. S. 291).

Möglicher Arbeitsauftrag:

Versetze dich in Julies Lage und verfasse eine Rede der Schwester aus der Ich-Perspektive.

Denkblasen

Die Begegnung zwischen Hazel und Van Houten in Kapitel 23 bietet sich dafür an, das Fremdverstehen zu fördern. Das bedeutet, eine andere Perspektive einzunehmen und eine Distanz zur eigenen Sichtweise zu entwickeln. Dem Leser bleibt verborgen, welche Gefühle und Gedanken die Begegnung und das Gespräch in den Figuren auslösen. Notieren Sie deshalb folgende Fragen an der Tafel, die die Schüler in einer arbeitsteiligen Partnerarbeit beantworten:

Gruppe 1:

- Wie fühlt sich Hazel, als sie erfährt, dass es sich bei Anna um die verstorbene Tochter des Romanautors Van Houten handelt?
- Wie fühlt sich Van Houten, als er sich gegenüber Hazel öffnet?

Gruppe 2:

- Welche Gedanken hat Hazel, als sie Van Houten zu einem weiteren Roman ermuntert?
- Was denkt Van Houten, als Hazel ihn auffordert, noch einen Roman zu schreiben?

Wohin führt der Weg?

Präsentieren Sie den Schülern ein Bild, auf dem eine Weiche zu sehen ist. Die Schüler äußern ihre Assoziationen und stellen eine Verbindung zum Romankontext her.

Kreativ aktiv

Mein *Post* für Gus

Auch die Schüler haben Gus auf eine spezielle Weise durch den Roman begleitet und können ihm zum Abschied eine Nachricht hinterlassen.

Mögliche Arbeitsaufträge:

- Lies die bestehenden Einträge noch einmal und verteile Likes, indem du auf dem Arbeitsblatt „Gus stirbt – seine Pinnwand lebt" Haken setzt.
- Gibt es einen Eintrag, den du teilen würdest? Markiere ihn mit einem Plus.
- Kommentiere einen der Einträge schriftlich.
- Schreibe einen eigenen Eintrag für Gus' Pinnwand.

Im Anschluss präsentieren die Schüler ihre Ergebnisse:

- Aufgabe 1: Die Beiträge auf Gus' Pinnwand werden nacheinander vorgelesen. Alle Schüler, die den *Post* gelikt haben, melden sich. Zählen und notieren Sie die Stimmen, um den beliebtesten beziehungsweise unbeliebtesten herauszufinden.

- Aufgabe 2: Schreiben Sie auf, wie häufig die einzelnen Einträge geteilt wurden.
- Aufgabe 3: Die Schüler lesen ihren Kommentar vor.
- Aufgabe 4: Die Schüler tragen ihren *Post* vor.

Gus' Abschiedslied

Noch zu Lebzeiten legt Gus fest, dass das real existierende Lied „The New Partner“ von *The Hectic Glow* zu seiner Beerdigung gespielt werden soll (vgl. S. 292). Die Band wird an dieser Stelle zum wiederholten Mal im Buch genannt: Hazel und Gus hören die Gruppe bereits in den Kapiteln 2 und 16 (vgl. S. 43 f. und S. 254).

Ein Video zum Lied sowie den Songtext finden Sie im Internet. Im Refrain erklingt die Zeile „And you were always on my mind“ mehrfach. Ausgehend von diesem Vers stellen die Schüler Zusammenhänge zwischen Liedtext und Gus her. Interessant ist, dass es im Lied „you were“ („du warst“) heißt und nicht „you are“ („du bist“). Weitere Anknüpfungspunkte bieten die Verse „There's a black tinted sunset in the prettiest of skies“ und „Well the sun's fading faster and we're ready to go“.

Begegnung im Auto

Hazel und Van Houten verabschieden sich, ohne dem anderen mitzuteilen, welchen Stellenwert die Begegnung für das eigene Leben hatte. Die Schüler überlegen sich eine mögliche Fortsetzung des Gesprächs.

Mögliche Arbeitsaufträge:
- Verändert die Szene. Schreibt einen Dialog, in dem deutlich wird, was Hazel und Van Houten aus der Begegnung im Auto für ihr Leben gelernt haben.
- Stellt eure Ausführungen als szenisches Lesen oder als szenisches Spiel dar.

Ist das Schicksal ein mieser Verräter?

Nach der Lektüre bleibt die Frage nach Gerechtigkeit. Lassen Sie vier Schüler je einen Satz des folgenden Zitats vortragen: „Schicksal ist Zugeschicktes. Es kommt so beim Empfänger an, wie es von unzähligen Ursachen vorherbestimmt ist. Der Empfänger kann die Sendung nicht ändern. Er kann nur entscheiden, was er damit macht“ *(www.seele-und-gesundheit.de/exis/schicksal.html).*

Im Anschluss schreiben die Schüler einen Brief an die Hauptfigur Hazel oder den Autor John Green, um unter Berücksichtigung des Zitats und der Geschichte die Ausgangsfrage zu diskutieren und gegebenenfalls zu beantworten. Gestehen Sie den Schülern die Wahlfreiheit zu, sich zwischen der fiktiven Figur und dem realen Autor zu entscheiden. Ziel ist es, die Argumentationsfähigkeit und das Reflexionsvermögen zu stärken.

Möglicher Arbeitsauftrag:
Schreibe einen Brief an Hazel oder John Green. Berücksichtige das Zitat und diskutiere, ob das Schicksal ein mieser Verräter ist.

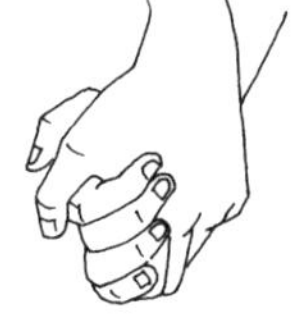

Gus stirbt – seine Pinnwand lebt

Gus ist tot. In einem sozialen Netzwerk ist seine Seite noch öffentlich zugänglich.

Lies unten die Einträge auf Gus' Pinnwand (S. 282 ff.).

a) Welche Gemeinsamkeiten fallen auf? Sammelt sie im Gespräch.
b) Markiere alle verwendeten Anreden für Gus in der Farbe Grün.
c) Wer schreibt auf Gus' Pinnwand? Notiere unter den Einträgen den jeweils möglichen Verfasser und sein Verhältnis zu Gus.
d) Auf drei der Nachrichten reagiert Hazel: auf zwei in Gedanken, auf eine schriftlich. Verbinde diese Pinnwandeinträge mit je einem Kommentarfeld.
e) Markiere mit der Farbe Blau die Textstellen, die in Hazel die Reaktion auslösen.
f) Erläutere Hazels Gefühle in den Kommentarfeldern.

① Du bist immer ein toller Freund gewesen, tut mir leid, dass ich dich nicht öfter gesehen habe, nachdem du nicht mehr in der Schule warst, Bro. Ich wette, du spielst jetzt Basketball im Himmel.

② Ich vermisse dich jetzt schon, Bro.

③ Ich hab dich lieb, Augustus. Gott segne dich und behüte dich.

④ In unserem Herzen wirst du ewig leben, großer Mann.

⑤ Ich liebe dich, Bro. Wir sehen uns auf der anderen Seite.

⑥ Habe gerade gehört, dass Gus Waters nach seinem legendären Kampf gegen Krebs gestorben ist. Ruhe in Frieden, Kumpel.

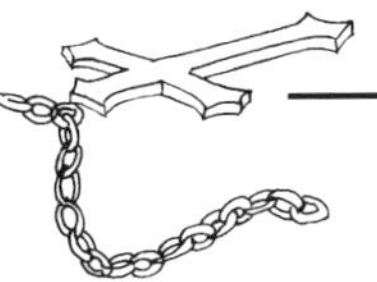

Beerdigung mit Irritationen

Familie und Freunde nehmen in einem Trauergottesdienst Abschied von Gus. Danach wird er beerdigt.

1. Lies die Seiten 289 bis 291 und ergänze weitere Personen, die im Gottesdienst über Gus sprechen.

Isaac, Hazel, ______________________________

2. Isaac und Hazel halten sowohl bei der „Vorbeerdigung“ als auch beim Gottesdienst eine Grabrede.

a) Notiere einen aussagekräftigen Satz aus den tatsächlichen Beerdigungsreden der beiden.

Isaac: ______________________________

Hazel: ______________________________

b) Vergleiche Isaacs und Hazels Aussagen mit den Inhalten ihrer Reden für die „Vorbeerdigung“ (S. 275–278). Was stellst du fest? Besprich dich mit einem Partner.

3. Zwei Aussagen des Pfarrers verärgern Hazel (S. 289 f.). Nenne die Aussprüche und begründe Hazels Unmut.

____

____

____

____

____

4. Unerwartet nimmt Peter Van Houten an Gus’ Beerdigung teil. Hazel ist von seinem äußeren Erscheinungsbild irritiert.

a) Mache Angaben zu den Kleidungsstücken (S. 289).

Anzug: ______________________________

Hemd: ______________________________

Krawatte: ______________________________

b) Überlege dir mithilfe der Farbsymbolik, ob es sich bei Van Houtens Anzug um einen „Beerdigungsanzug“ handelt. Vergleicht eure Ergebnisse.

Letzte Chance für Van Houten

Nach Isaacs Hinweis auf die Existenz von Gus' möglicher Romanfortsetzung beschließt Hazel, nach dem Manuskript zu suchen. Auf dem Weg zu Gus' Eltern gibt es erneut eine seltsame Begegnung.

1. Kreuze an, welche Aussagen über das Aufeinandertreffen von Hazel und Van Houten (S. 302 – 307) zutreffen. Die richtige Zuordnung ergibt ein Lösungswort.

Aussage		
Hazel erschrickt, als jemand im Auto ihrer Mutter auf Schwedisch zu rappen beginnt.		A
Sie erkennt Van Houten und ist zu einem Gespräch bereit.		D
Van Houten möchte sich entschuldigen.		U
Hazel erinnert Van Houten an Anna.		S
Van Houten bestätigt Hazel, dass seine eigene Tochter an Krebs gestorben ist.		S
Anna starb an der gleichen Krebsart wie Gus.		E
Er beklagt auf ironische Weise den Leidensweg seines Kindes.		P
Für die Eltern war die Zeit des Wartens unerträglich.		R
Durch weitere Therapiemaßnahmen gelang es, das Leben der Tochter noch lebenswert zu gestalten.		O
Hazel interpretiert Van Houtens Buch als Möglichkeit, die Tochter weiterleben zu lassen.		A
Van Houten war nicht in der Lage, seiner Tochter zu erklären, dass sie sterben würde.		L
Er sagte seiner Tochter, dass er bald in den Himmel nachkommen würde.		C
Hazel rät Van Houten zur Ausnüchterung und zum Schreiben eines weiteren Romans, da sie ihn für begabt hält.		H
Van Houten lehnt die Möglichkeit des Weiterschreibens erneut ab.		R
Beide verabschieden sich voneinander.		E

Lösungswort: ______________________

2. Stelle die falschen Behauptungen aus Aufgabe 1 in deinem Heft richtig, indem du wörtlich aus dem Roman zitierst. Lies dazu noch einmal Kapitel 23.

3. Lies das Interview „Gottverdammt moralisch" auf *www.zeit.de*. Beachte auch den Romankontext für die Beantwortung der folgenden Fragen in deinem Heft.

a) Warum hat John Green die Figur Peter Van Houten erschaffen?
b) Welche Verbindung sollen die Leser zwischen John Green und Peter Van Houten erkennen?
c) Inwiefern versteht der Autor im Gegensatz zur Figur Peter Van Houten die „Fortsetzungswünsche" der eigenen Leser?

Weichenstellungen für die Zukunft

Einige Tage nach Gus' Tod setzen sich Hazel und ihre Eltern mit den Weichenstellungen für ihre Zukunft auseinander.

1. Rekonstruiere das Gespräch über die Zukunft (S. 315 – 318). Vervollständige die Satzanfänge in deinem Heft.

Selbst wenn du stirbst, …

Ich will nur, …

Aber wenn ich einen Abschluss …

Wir hatten beide Angst, …

Deine Mutter und ich …

Ich will einfach nicht …

2. Nenne sechs Ängste, die sich in den Aussagen der Familie Lancaster widerspiegeln.

____

____

3. Zähle vier Herausforderungen auf, denen sich Hazel und ihre Eltern stellen müssen.

____

____

Augustus' Nachlass – anders als erwartet

Bei der Suche nach den fehlenden Seiten aus Augustus' Notizbuch ist Hazel zuerst erfolglos. Ein Telefonat mit Kaitlyn bringt sie auf die Idee, bei Van Houten nachzufragen.

1. Der Leser erfährt im Roman zwei Möglichkeiten, was Gus notiert haben könnte. Blättere zurück auf die Seiten 251 und 257. Notiere die Aussagen und ihre Funktion.

Funktion: ____________________ Funktion: ____________________

2. Differenziere zwischen Hazels begründeter Erwartung (S. 323) und Gus' tatsächlicher Hinterlassenschaft (S. 329 ff.). Vergleiche das Ergebnis mit dem aus Aufgabe 1 und beurteile es.

Hazels Erwartung: ____________________

____

Gus' Hinterlassenschaft: ____________________

Ergebnis und Beurteilung: ____________________

____

3. Begründe, warum Gus den Brief an Van Houten schickt (S. 329).

____

____

4. Die letzten Zeilen des Romans bestätigen die gegenseitige Liebe zwischen Hazel und Gus. Diskutiert, ob die Geschichte somit ein Happy End hat.

Kapitelübergreifende Arbeit

Die folgenden Kopiervorlagen und Unterrichtsvorschläge widmen sich zwei zentralen Themen des Romans: dem Verhältnis zwischen Hazel und Gus und dem „Buch im Buch". Die Schüler werden für die fast unmerklichen Übergänge von Annäherung über Freundschaft zu Liebe sensibilisiert. Der Roman „Ein herrschaftliches Leiden" fungiert als Bewältigungsstrategie für Hazel im Umgang mit ihrer Krankheit und ist zusätzlich ein Bindeglied zwischen ihr und Gus. Er begleitet und festigt ihre Freundschaft von Anfang an und ist über die Figur Peter Van Houten bis ins letzte Kapitel präsent.

In diesem Abschnitt lernen die Schüler, in Zusammenhängen zu denken, das große Ganze zu betrachten und gleichzeitig die Details nicht aus dem Blick zu verlieren.

Unterrichtsschwerpunkte

- Beziehungsstrukturen
- Analyse der Romanstruktur

Zu den Kopiervorlagen

KV Seite 58

Interesse – Freundschaft – Liebe

Ausgehend von einem beliebigen Freundschaftsspruch (z. B. „Um glücklich zu sein, braucht man nicht viel, man braucht nur die wichtigsten Menschen an seiner Seite" oder „Zeit ist kostbar, also verbringe sie mit den richtigen Menschen") bietet sich ein Unterrichtsgespräch an. Die Jugendlichen begründen, wem und zu welchem Anlass sie diesen Spruch schenken würden. Stellen Sie einen Zusammenhang zur Überschrift der Kopiervorlage her.

Mithilfe des Arbeitsblattes sollen die Schüler verstehen, welche Beziehungsstadien der Verbindung von Hazel und Gus zugrunde liegen. Zu diesem Zweck ordnen sie den vorgegebenen Zitaten eigene Oberbegriffe zu, die die Entwicklungsstufen verdeutlichen. Im Anschluss unterteilen die Schüler die Stufen in drei größere Phasen. Dabei stellen sie fest, dass die Übergänge fließend sind.

Im Anschluss kann der Unterrichtsvorschlag „Freundschaftssprüche" aus der Rubrik „Kreativ aktiv" die Diskussion aus dem Einstieg mit den Ergebnissen auf dem Arbeitsblatt verbinden (siehe S. 56).

Lösung

Stufen von unten nach oben:
z. B.

- Enttäuschung
- Annäherung
- Zusammengehörigkeitsgefühl
- Großzügigkeit
- Solidarität
- Intimität
- Verzweiflung
- Abschied

- Phasen 1 bis 3: Interesse
- Phasen 3 / 4 bis 6: Freundschaft (additiv zu Interesse)
- Phasen 6 / 7 bis 9: Liebe (additiv zu Interesse und Freundschaft)

Das Buch im Buch

Einen Einstieg ermöglicht der Gesprächsanlass „Das ist meine Bibel" (siehe S. 56). Nach der Überleitung zum Arbeitsblatt steht die Bedeutung des jeweiligen Romans für Hazel, Gus, Van Houten und John Green im Mittelpunkt. Die Binnenstruktur ist durch das Buch im Buch repräsentiert und beeinflusst das Verhalten der Protagonisten innerhalb der Rahmenhandlung. Der persönliche Wert, den „Ein herrschaftliches Leiden" für Hazel und Gus hat, wird maßgeblich von Van Houten geprägt. Dieser wiederum verfolgt weniger künstlerisch-literarische Absichten, sondern verarbeitet eigene Erlebnisse. Damit schafft John Green über die Rahmen- und Binnenhandlung eine Verbindung zwischen sich selbst und Van Houten, da auch er seine Erfahrungen in sein Buch einbringt.

Im Anschluss an die Kopiervorlage bieten sich der Gesprächsanlass „Den Titel entschlüsseln" (siehe S. 56) sowie der vertiefende Unterrichtsvorschlag „Woran erkennt man einen guten Roman?" aus der Rubrik „Kreativ aktiv" an (siehe S. 56 f.).

Lösung

a) Hazel: Lieblingsbuch, Teil ihres Ichs, Kostbarkeit, Orientierungshilfe (Vergleich mit Bibel), kein Krebsbuch, Sympathie und Bewunderung für die Romanfigur Anna
Peter Van Houten: Rücknahme seiner Formulierungen, Ablehnung des eigenen Werks, aber auch Möglichkeit der Verarbeitung eigener Erlebnisse, Weiterleben seiner Tochter
Gus: Verbindung zu Hazel, Buch als Instrument der Folter, Geschenk, Vertragsverletzung des Autors gegenüber dem Leser, Entwicklung eigener Fortsetzungsideen

b) John Green verabscheut Krebsbücher. Er hat junge Menschen an der Erkrankung sterben sehen. Da kein Buch seine Erfahrungen aufgriff, war es ihm wichtig, eine eigene Geschichte ohne „Kitsch und Sentimentalität" zu schreiben. Seine Leser sollen eine Verbindung mit ihm als Autor eingehen, wie Hazel und Gus mit Van Houten, und durch gedankliche Interaktion aus Imaginations- und Identifikationsangeboten auswählen.

Gesprächs- und Schreibanlässe

Das ist meine Bibel

Für Hazel kommt der Roman „Ein herrschaftliches Leiden" „einer Bibel am nächsten" (S. 20). Diese Aussage eignet sich für einen Einstieg in die Unterrichtsstunde, in der das Buch im Buch im Vordergrund steht. Die Schüler diskutieren in der Gruppe Hazels Ansicht anhand folgender Fragestellungen:

- Was macht die Bibel, das heißt die Heilige Schrift, aus (alternativ: Thora, Koran)?
- Was bedeutet Hazel das Buch, wenn sie es mit einer Bibel vergleicht?
- Was ist deine „Bibel"?

Lösung

- Antwort auf Schwierigkeiten, Herausforderungen und wichtige Fragestellungen des eigenen Lebens
- Hazel fühlt sich verstanden, da der Autor das Sterben kennt (S. 20, S. 41). Darüber hinaus bezeichnet sie das Buch als „kostbar" und „persönlich", weshalb sie ein Gespräch darüber als „Verrat" sieht (S. 41).
- z. B. Lieblingsbuch, Zeitschrift, Tagebuch, Notizbuch

Den Titel entschlüsseln

Hazels Lieblingsbuch trägt den etwas antiquiert klingenden Titel „Ein herrschaftliches Leiden". Durch die Entschlüsselung der Wörter und die Einordnung in den Gesamtkontext begreifen die Schüler, dass sich darin „ein zu der Herrschaft gehörendes Leiden" verbergen könnte. Eine andere Möglichkeit wäre, dass es sich um ein besonders großes Leiden handelt. Diese Vorstellung wird auch durch den Titel im Original, „An Imperial Affliction", gestützt. Lassen Sie die Jugendlichen ihre Assoziationen äußern.

Loslösungsprozesse

Die Entwicklung zu einer eigenständigen Persönlichkeit bedeutet für Hazel, sich von ihren Eltern abzulösen. Diesen Prozess beeinflussen alle Beteiligten maßgeblich durch ihr Handeln. Die Schüler sammeln und notieren Ereignisse als Belege für die Abnabelung.

Lösung

- Teilnahme an der Selbsthilfegruppe
- Zugang zur literarischen Welt des Buches „Ein herrschaftliches Leiden"
- Konfliktaustragung mit der Mutter
- Freundschaft zu Gus
- Reise nach Amsterdam
- Liebesbeziehung zu Gus
- Trauer um Gus

Kreativ aktiv

Freundschaftssprüche

Durch Freundschaftssprüche wird auf besondere Weise die Zuneigung zu einer anderen Person ausgedrückt. Die Schüler sollen sich in Hazel oder Gus hineinversetzen und dem jeweils anderen eine Postkarte mit einer Nachricht zukommen lassen.

Möglicher Arbeitsauftrag:
Recherchiere im Internet Sprüche zum Thema Freundschaft und wähle einen aus. Gestalte eine Postkarte mit dem Spruch auf der Vorderseite. Begründe auf der Rückseite aus Hazels oder Gus' Perspektive, warum der andere den Spruch geschenkt bekommt. Beziehe dich auf eine konkrete Situation im Roman.

Woran erkennt man einen guten Roman?

Die Schüler verfassen am Beispiel des Romans „Das Schicksal ist ein mieser Verräter" eine Rezension. In Anlehnung an „10 Dinge, die einen guten Roman ausmachen" *(http://wasliestdu.de/magazin/2014/10-dinge-die-einen-guten-roman-ausmachen)* schreiben sie anhand der folgenden Merkmale eine Buchempfehlung (auch Buchbesprechung oder Buchkritik). Als Differenzierungsmöglichkeit dienen die Erläuterungen unter den nachfolgenden Kriterien, die die Schüler in ihre Ausführungen einbeziehen können. Weisen Sie darauf hin, dass die Rezension am Ende eine abschließende Einschätzung enthalten soll.

Merkmale:

- <u>Die Geschichte:</u> Im Mittelpunkt von Romanen stehen Helden, die Wünsche haben und ihre Zielsetzungen verfolgen. Der Erzähler greift eine zentrale Frage oder mehrere Fragestellungen auf, um die sich alles dreht und die am Ende (zumindest zum Teil) beantwortet werden sollen.
- <u>Das Thema:</u> Der Gegenstand eines Romans ist auch von der Wahrnehmung und Interpretation des Lesers abhängig. Oft gibt es nicht nur ein Thema, sondern mehrere

Motive, die sich in den Gesamtkontext der Romanhandlung einfügen.

- Der Erzähler: Der Erzähler trägt die Geschichte und ist – abgesehen von autobiografischen Texten – nicht mit dem Autor des Romans gleichzusetzen. Er gibt das Tempo vor, entscheidet über die Stimmung und färbt das Geschehen mit seinen Gedanken. Er kann neutral sein, allwissend auftreten oder aus der Sicht einer Person berichten.
- Die Charaktere: Ein Roman braucht Helden, die faszinieren und deren Schicksal neugierig macht. Die Protagonisten sind vielschichtig, widersprüchlich und entwickeln sich im Verlauf der Handlung. Jeder Held hat einen Wunsch und verfolgt ein Ziel.
- Der Konflikt: Ein wichtiger Bestandteil jedes Romans ist der Konflikt. Meist wird dieser durch gegensätzliche Wünsche oder Ziele der Figuren ausgelöst und durch äußere Umstände verstärkt.
- Die erzählte Welt: Der Leser taucht meist schon auf den ersten Seiten in die Welt des Romans ein. Häufig werden reale Orte gewählt, sodass es besser gelingt, sich das Geschehen vorzustellen. Der Erzähler integriert den Leser in seine Welt, indem er auch alltägliche Schauplätze wählt.
- Die Atmosphäre: Ort und Zeit beeinflussen die Stimmung in einer Geschichte maßgeblich. Der Leser sollte in die Geschichte eintauchen und die Atmosphäre spüren können.
- Der ansprechende Titel: Der Titel eines Romans soll den Leser ansprechen und überraschen. Eine passende Wortwahl soll Assoziationen erzeugen sowie Erinnerungen und Neugier hervorrufen. Der Titel sollte Teil der Geschichte sein und vor, während und nach der Rezeption etwas im Leser auslösen.
- Die richtigen Worte: Eine gute Geschichte macht noch lange keinen guten Roman. Der Leser ist nur dann fasziniert, wenn sie auch gut erzählt ist. Die Worte müssen ihn in eine andere Welt eintauchen lassen.
- Zeitlosigkeit: Ein guter Roman enthält häufig zeitlos gültige Wahrheiten. Das Buch spiegelt einen bestimmten Zeitgeist wider, dennoch ergeben sich daraus für einen Leser auch Jahre später noch wertvolle Erkenntnisse.

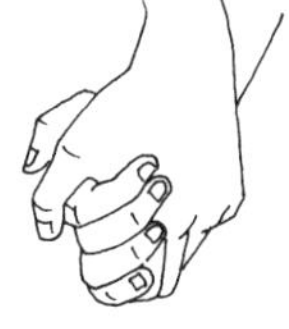

Interesse – Freundschaft – Liebe

Die Beziehung von Hazel und Gus entwickelt sich im Verlauf des Romans.

Benenne anhand der Zitate, auf welcher Entwicklungsstufe sich die Beziehung befindet. Ordne den Stufen dann die Phasen „Interesse“, „Freundschaft“ und „Liebe“ zu.

Hazel	Gus	
S. 278: „Aber, Gus, meine große Liebe, ich kann dir nicht sagen, wie unendlich dankbar ich für unsere kleine Unendlichkeit bin.“		Stufe: ____________ Phase: ____________
S. 230: „Das ist nicht fair.“	S. 229: „Ich leuchte wie ein Weihnachtsbaum, Hazel Grace.“	Stufe: ____________ Phase: ____________
S. 221: Er legte sich auf die Seite und küsste mich.	S. 222: „Hazel Grace, ich kann buchstäblich die Augen nicht offen halten.“	Stufe: ____________ Phase: ____________
S. 208: „Ich habe deinen Herzenswunsch an einen Drecksack verschwendet.“	S. 209: „Du hast ihn uns geschenkt.“	Stufe: ____________ Phase: ____________
S. 99: „Aber ich habe mir den Wunsch nicht aufgehoben.“	S. 101: „Ich habe meinen Wunsch gefunden.“	Stufe: ____________ Phase: ____________
S. 75f.: „Es ist ein Teil von dem, was mir an dem Buch so gefällt: Es stellt den Tod ehrlich dar. Du stirbst eben mitten im Leben, mitten im Satz.“	S. 75: „Das Buch zu lesen war irgendwie [..., a]ls hättest du mir etwas Wichtiges gegeben.“	Stufe: ____________ Phase: ____________
S. 41: *Ein herrschaftliches Leiden* war *mein* Buch, genau wie mein Körper mein Körper war und meine Gedanken meine Gedanken.	S. 42: „Ich werde dieses schreckliche Buch mit dem langweiligen Titel, in dem keine Sturmtruppen vorkommen, lesen.“	Stufe: ____________ Phase: ____________
S. 27: Dann griff sich Augustus Waters in die Tasche und zog ausgerechnet ein Päckchen Zigaretten heraus.	S. 27: „Verfehlung?“	Stufe: ____________ Phase: ____________
S. 16: Zum ersten Mal verstand ich, warum es Augen*kontakt* hieß.	S. 20: „Was für eine Frau.“	Stufe: erste Begegnung Phase: Interesse

Das Buch im Buch

Wenn Romanautoren in ihren Werken wiederum Autoren auftreten lassen und fiktive Werke präsentieren, lässt dies oft spannende Rückschlüsse zu.

Vervollständige das Schaubild.

a) Notiere stichpunktartig, welche Rolle das Buch „Ein herrschaftliches Leiden" für die Romanfiguren spielt.
b) Erläutere, welche Bedeutung „Das Schicksal ist ein mieser Verräter" für den Autor John Green hat. Lies dazu das Interview „Gottverdammt moralisch" auf *www.zeit.de*.

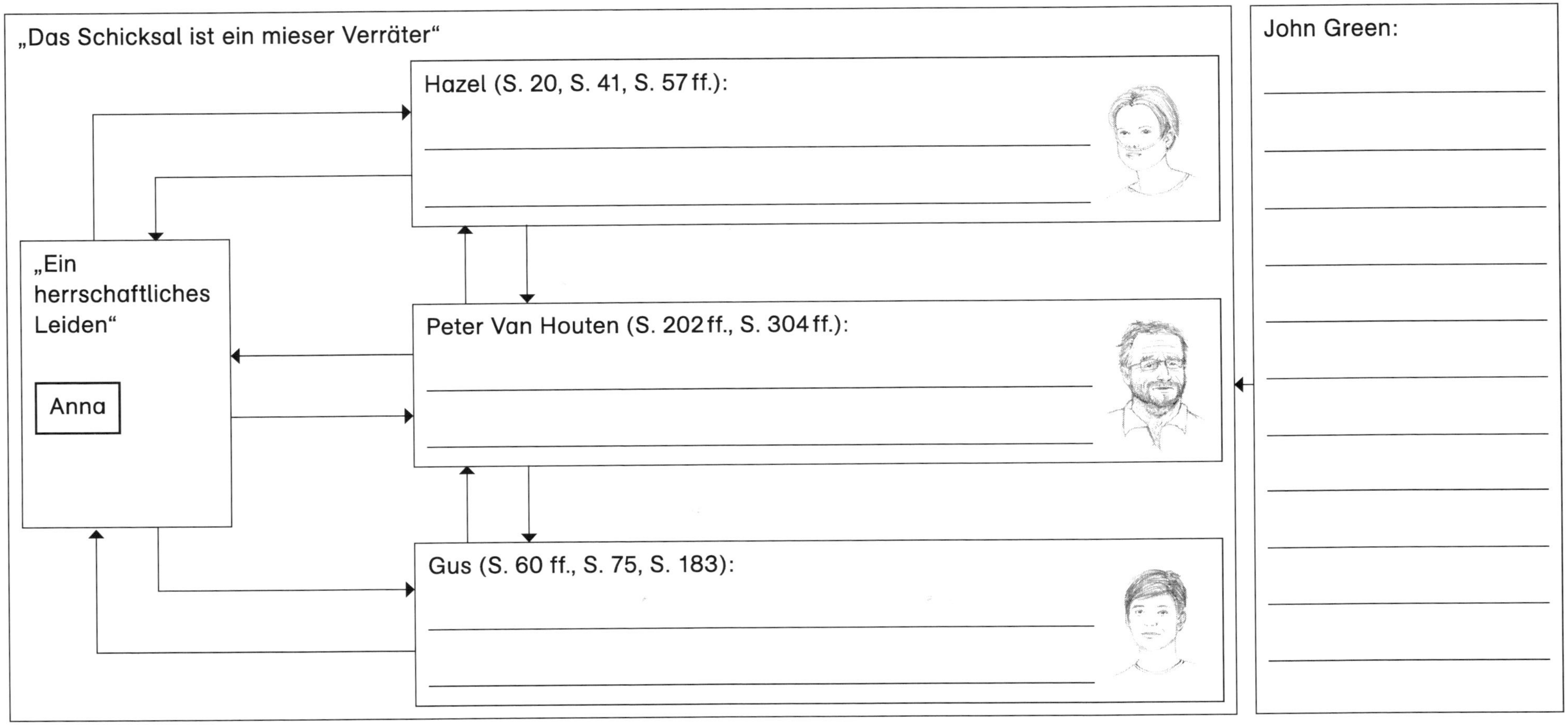

„Das Schicksal ist ein mieser Verräter"

„Ein herrschaftliches Leiden"

Anna

Hazel (S. 20, S. 41, S. 57 ff.):

Peter Van Houten (S. 202 ff., S. 304 ff.):

Gus (S. 60 ff., S. 75, S. 183):

John Green:

Medienerziehung ist eines der zentralen Bildungsziele der Schule. Die Jugendlichen sollen die einzelnen Medien unterscheiden können sowie zum sinnvollen Einsatz und Umgang mit ihnen erzogen werden. In diesem Kapitel lernen die Schüler maßgebliche Unterschiede zwischen den Medien Buch und Film kennen und beschäftigen sich mit der Frage, was ein Medium leisten kann und wo dessen Grenzen liegen.

Unterrichtsschwerpunkte

- Gestaltungskriterien
- Medienreflexion
- Entwicklung von Medienkompetenz

Zu den Kopiervorlagen

KV Seite 63

Cover im Vergleich

Als Einstieg eignet sich der Gesprächsanlass „Stimmungsbild“ (siehe S. 62). Das Filmcover finden Sie im Internet. Bei dieser Kopiervorlage geht es um die Erkenntnis, was das Cover des jeweiligen Mediums leistet und was nicht. Die Schüler arbeiten deshalb in Aufgabe 1 Gemeinsamkeiten und Unterschiede der Titelbilder von Buch und Film anhand vorgegebener Gestaltungskriterien heraus. Daraus ergibt sich die Frage, worin der Mehrwert der Lektüre und der Filmadaption im Bereich der Covergestaltung liegt. Die Jugendlichen werden sensibilisiert, auf die Machart und die Informationen des Titelblattes im Rahmen ihrer individuellen Medienkompetenz zu achten. In Aufgabe 2 interpretieren und vergleichen die Schüler den englisch- und deutschsprachigen Buchtitel.

Nach der Erarbeitungsphase prüfen die Schüler, ob sie nach der detaillierten Analyse ihren ersten Eindruck aus dem Einstiegsgespräch revidieren möchten. Zwei weiterführende Aufträge mit unterschiedlicher Ausrichtung finden Sie unter „Ein eigenes Cover gestalten“ und „Alterskennzeichnung“ in der Rubrik „Kreativ aktiv“ (siehe S. 62).

Lösung
Aufgabe 1:

Kriterium	Buchcover	Filmcover
Genre-zugehörigkeit	Jugendroman	Liebesfilm
Zielgruppe(n)	Jugendliche, (junge) Erwachsene	Jugendliche
Motivwahl	Silhouette einer Stadt, Himmel, Sterne, Pusteblume, keine Bilder der Figuren	Hinweis auf Krankheit (Atemschlauch), Bildausschnitt der Protagonisten, Andeutung einer Liebesgeschichte: zwei Jugendliche vertraut im Gras
Farbgestaltung	Farbverlauf im Blauspektrum (Blau als Symbol für Sehnsucht), weiße Sterne (Weiß als Symbol für Frieden)	Hell-Dunkel-Kontraste, grünes Gras (Grün als Symbol für Hoffnung), Adaption des Buchcovers (blau/weiß) in der Schrift
Schriftart	Blockschrift (Großschreibung), einheitliche Schriftgröße	verspielte Großschreibung, Hervorhebung der Wörter „Schicksal“ und „Verräter“ durch Farbe und Größe
erzeugte Stimmung	Sehnsucht, Freiheit	Sehnsucht, Vertrautheit, Romantik, Liebe, Geborgenheit
weitere Informationen für den Leser/Betrachter	Nennung des Autors, Genrebezeichnung: Roman, Angabe des Verlags, ggf. Werbung: Hinweis auf hohe Verkaufszahl („Bestseller“) und Veröffentlichung als Taschenbuch	DVD, Altersempfehlung, Kinofassung/erweiterte Fassung, englischer Originaltitel

Aufgabe 2:

a) z. B. Bereits in der Antike hat man versucht, aus der Konstellation der Sterne eine Bedeutung für das eigene Leben abzuleiten. Darauf beruht auch die Redewendung „in den Sternen (geschrieben) stehen" („völlig ungewiss sein"). Das Shakespeare-Zitat legt nahe, dass Schuld und schuldhaftes Verhalten auf die handelnde Person zurückzuführen sind und das Schicksal in der Hand des Einzelnen liegt. John Green verändert diese Botschaft. Wenn er im Titel von den „Fehlern in unseren Sternen" spricht, verdeutlicht er, dass die Menschen ihr Schicksal eben nicht beeinflussen können. Das Leid im Leben ist nicht auf persönliche Verhaltensweisen zurückzuführen, sondern auf Fehler in der Schöpfung (Sterne als Teil der Schöpfung).
Hinweis: Im Bereich der Symbolik sind Sterne zwar Wegweiser, Hoffnungs- und Trostspender, nach Jesaja folgen sie aber auch einer höheren Macht: „Hebt eure Augen in die Höhe und seht: Wer hat die [Sterne] dort oben erschaffen? Er ist es, der ihr Heer täglich zählt und heraufführt, der sie alle beim Namen ruft. Vor dem Allgewaltigen und Mächtigen wagt keiner zu fehlen" (Jes 40,26 [Einheitsübersetzung]).

b) Im Gegensatz zum englischen Originaltitel liegt in „Das Schicksal ist ein mieser Verräter" eine Personifikation vor. Unter Schicksal versteht man eine höhere Gewalt, die das Leben eines Menschen vorherbestimmt, ohne dass dieser Einfluss darauf nehmen könnte. Die Personifikation im Titel ermöglicht es, diese Macht für die fehlende Mitbestimmung im eigenen Leben verantwortlich zu machen.

KV Seite 64

Mit Bildern erzählen

Auf der vorliegenden Kopiervorlage werden in den Aufgaben 1 bis 3 Roman und Film gegenübergestellt und ausgewählte Themen unter Berücksichtigung des spezifischen Mediums analysiert. Geben Sie bei Aufgabe 2 den Tipp, dass nicht alle Themen im Film aufgegriffen werden. In Aufgabe 4 beurteilen die Schüler die filmische Umsetzung der Romanvorlage. Es empfiehlt sich, die Literaturverfilmung im Anschluss an die Lektüre im Unterricht zu zeigen. Mithilfe des Arbeitsblattes schulen die Jugendlichen ihre Wahrnehmung. Ergänzend dazu eignet sich der Gesprächs- und Schreibanlass „Ein Film hinterlässt Eindrücke" (siehe S. 62).

Lösung

Aufgabe 1:

Der Film beginnt mit einem einminütigen Vorspann. Eine Stimme aus dem Off, gesprochen von Hazel, schildert, wie man traurige Geschichten erzählt, dass sie fröhlicher klingen, als sie sind. Dann leitet sie auf ihre Wirklichkeit über. Sie spricht den Zuschauer direkt an und entschuldigt sich für die Wahrheit der Geschichte, die sie nun erzählt. Die nächste Szene stellt den Inhalt des Romananfangs dar, der den Leser über die Ich-Erzählerin sofort mit der Thematik Krankheit (Depression) konfrontiert.

Aufgabe 2:

Roman	Film
Thema: Kreis des Vertrauens	Die Selbsthilfegruppe trifft sich nicht in einem kreuzförmigen Keller unterhalb einer Kirche, sondern in einer Art Gemeindezentrum. Jesu Herz liegt als Teppich in der Mitte eines Gesprächskreises.
Thema: Kalendersprüche	Im Film kommt nur ein Kalenderspruch vor: „Wer den Regenbogen will, muss den Regen in Kauf nehmen." Diese Ermutigung wird im Roman nicht genannt.
Thema: Caroline	Diese Szene kommt im Film nicht vor.
Thema: Begegnung im Hause Van Houten	Van Houten erscheint insgesamt freundlicher, sanftmütiger und im Vergleich zur Romanvorlage humorvoller.
Thema: Nachlass	Diese Szene kommt im Film nicht vor.

Aufgabe 3:

Der Film endet mit dem Wort „Okay", das sowohl in der Verfilmung als auch im Buch ein Zeichen der Zuneigung zwischen Hazel und Gus darstellt und daher eine große Bedeutung hat. In beiden Fällen liest Hazel einen Brief, den Gus an den Autor Peter Van Houten geschickt hat, damit dieser daraus eine Grabrede für das Mädchen formuliert. Der Text unterscheidet sich zwar jeweils, drückt aber immer Gus' tiefe Zuneigung zu Hazel aus. Im Film schließt der Brief mit den Worten „Okay, Hazel Grace?". Gus spricht seine Freundin also direkt an, worauf diese mit „Okay" antwortet. Im Buch hingegen wendet sich der Junge innerhalb des Briefes an Van Houten: „Ich bin glücklich mit meiner Wahl. Ich hoffe, sie auch." (S. 333) Trotzdem fühlt sich Hazel angesprochen und antwortet mit „Ich auch". Die Wortwahl ist in Buch und Verfilmung zwar nicht dieselbe, aber beide Aussprüche drücken ihre Zustimmung aus.

Aufgabe 4:
z. B. Die erzählte Zeit in der filmischen Adaption ist deutlich kürzer, da auch die Erzählzeit reduziert ist. Dadurch bleiben manche Themen des Romans in der Verfilmung unberücksichtigt, beispielsweise der Konflikt zwischen Mutter und Tochter. Der Fokus der filmischen Adaption liegt auf der Liebesbeziehung von Hazel und Gus. Im Buch hingegen betont die Ich-Erzählerin auch die Freundschaft der beiden und die Wichtigkeit der Romanfortsetzung. Insgesamt sind die Schwerpunkte im Film zwar anders gesetzt, dennoch gibt er die Kernhandlung angemessen wieder.

Gesprächs- und Schreibanlässe

Stimmungsbild
Präsentieren Sie den Schülern Buchcover und DVD-Cover beziehungsweise Filmplakat von „Das Schicksal ist ein mieser Verräter". Der Impuls „Was spricht dich (mehr) an?" fordert die Schüler auf, Position zu beziehen. Bringen Sie gegebenenfalls weitere Umschlaggestaltungen mit (z. B. englische Ausgabe, Sonderausgaben), um die Vielfalt der Gestaltungsmöglichkeiten zu verdeutlichen.

Ein Film hinterlässt Eindrücke
Für eine Diskussion nach dem Film ist es hilfreich, wenn die Schüler im Vorfeld folgende Satzanfänge für sich beantworten:

- Besonders in Erinnerung geblieben ist mir die Szene …
- Die Figuren wirken auf mich (nicht) glaubwürdig, weil …
- Als Vorwissen für das Verständnis des Films ist notwendig, dass …

Notieren Sie die Impulse an der Tafel.

Kreativ aktiv

Ein eigenes Cover gestalten
Lassen Sie die Schüler in Einzel- oder Gruppenarbeit ein eigenes Cover gestalten. Dabei wählen sie zwischen Buch und Film. Einzelne Entwürfe werden anschließend exemplarisch im Plenum vorgestellt.

Alterskennzeichnung
Im Bereich Film und Fernsehen gibt es gesetzliche Vorgaben für die Freigabe von Medieninhalten für alle oder erst ab einem bestimmten Alter (§ 14 Abs. 1 JuSchG). Buchverlage unterliegen keiner Gesetzespflicht, sprechen aber meist Altersempfehlungen aus. Für die Auseinandersetzung mit Altersbeschränkungen bietet sich ein Besuch der Homepage „Freiwillige Selbstkontrolle Fernsehen" *(http://fsf.de/)* an.

Mögliche Arbeitsaufträge:

- Für welche Altersgruppe empfiehlst du das Buch? Begründe deine Entscheidung.
- Die DVD ist mit „FSK ab 6" gekennzeichnet. Nimm Stellung zu dieser Angabe.

Film-Casting
Die Schüler bereiten ein Film-Casting vor. Dadurch beschäftigen sie sich noch einmal intensiv mit den Hauptcharakteren.

Möglicher Arbeitsauftrag:
Verfasse einen Aufruf für Facebook, Instagram (Kurzfilm), Twitter (140 Zeichen) oder ein Jugendmagazin (DIN-A4-Seite) und lade Interessierte zum Casting ein. Verdeutliche, welche Voraussetzungen (Alter, Typ, optische Besonderheiten …) die Schauspieler erfüllen müssen, um Hazel, Gus, Hazels Eltern und Peter Van Houten zu verkörpern.

Eine Filmkritik schreiben
Nachdem die Schüler den Film gesehen haben, bekommen sie die Gelegenheit, ihre Eindrücke in einer Filmkritik zu äußern.

Möglicher Arbeitsauftrag:
Schreibe eine Filmkritik, die folgende Elemente enthält:

- kurze Inhaltsangabe der Verfilmung
- Vergleich zwischen Buch und Film
- Beurteilung des Films

Formulierungshilfen erleichtern Ihren Schülern den Schreibprozess:

- Der Film „Das Schicksal ist ein mieser Verräter" basiert auf der gleichnamigen Romanvorlage. In der Verfilmung geht es um …
- Die beiden schönsten Szenen sind …, weil …
- Die beiden traurigsten Szenen sind …, da …
- Der Roman ist …, während der Film …

Cover im Vergleich

Nicht nur der Inhalt, sondern auch die Gestaltung beeinflusst die individuelle Kaufentscheidung.

1. Vergleiche Buch- und Filmcover anhand der vorgegebenen Kriterien. Trage deine Ergebnisse in die Tabelle ein.

Kriterium	Buchcover	Filmcover
Genrezugehörigkeit		
Zielgruppe(n)		
Motivwahl		
Farbgestaltung		
Schriftart		
erzeugte Stimmung		
weitere Informationen für den Leser/Betrachter		

2. Der Romantitel „Das Schicksal ist ein mieser Verräter" ist nicht wörtlich aus dem Englischen übersetzt. Sprecht über die unterschiedlichen Bedeutungen.

a) Warum wählt John Green im Original den Titel „The Fault in Our Stars"? Berücksichtigt das folgende Shakespeare-Zitat: „The fault, dear Brutus, is not in our stars, but in ourselves, that we are underlings" (Übersetzung im Roman auf S. 123).

b) Vergleicht die Bedeutung des englischen Titels mit dem deutschen Buch- und Filmtitel.

Mit Bildern erzählen

Die filmische Adaption übernimmt viele Szenen aus dem Roman, verändert sie an mancher Stelle aber auch.

1. Sieh dir den Anfang des Films an und vergleiche ihn mit den ersten Zeilen des Romans. Schreibe in dein Heft.

2. Analysiere die Umsetzung folgender Themen im Film und trage die Ergebnisse in die Tabelle ein.

Roman	Film
Thema: Kreis des Vertrauens Die Selbsthilfegruppe trifft sich im buchstäblichen Herzen Jesu (S. 10).	
Thema: Kalendersprüche Im Roman fallen Hazel zahlreiche Kalendersprüche im Hause Waters auf (S. 34).	
Thema: Caroline Gus' verstorbene Freundin Caroline ist Gesprächsthema zwischen Hazel und Gus (S. 184 ff.).	
Thema: Begegnung im Hause Van Houten Van Houten verhält sich äußerst unangemessen gegenüber Hazel und Gus (S. 191 ff.).	
Thema: Nachlass Hazel sucht in Gus' Zimmer nach hinterlassenen Notizen (S. 309 f.).	

3. Vergleiche das Filmende mit den letzten Worten im Roman. Was stellst du fest? Schreibe in dein Heft.

John Green äußert sich zur Verfilmung seines Romans mit den Worten: „I loved it. It's a wonderfully faithful adaption."

4. Diskutiert, ob der Film den Roman angemessen wiedergibt. Begründet eure Meinung.

